DÉCLAMATION
ÉCOLE DU MÉCANISME

PAUL GRAVOLLET
DE LA COMÉDIE-FRANÇAISE

DÉCLAMATION
ÉCOLE DU MÉCANISME

EXERCICES PRATIQUES

CINQUANTE LEÇONS GRADUÉES

ARTICULATION — EXERCICES SUR LA LETTRE S — VIBRATION
RESPIRATION — RIRE — POSE DE LA VOIX
EXERCICES DE VOIX — GESTES — PHYSIONOMIE

Avec une préface de DUPONT-VERNON
DE LA COMÉDIE-FRANÇAISE

ALBIN MICHEL

22, rue Huyghens, 75014 Paris.

ISBN 2-226-01415-2

A M. PAUL GRAVOLLET

DE LA COMÉDIE-FRANÇAISE

MON CHER AMI,

Vous vous rappelez sans doute l'une de nos plus récentes conversations. Nous traitions un sujet inépuisable et qui nous est cher à tous deux : l'enseignement de notre art.

Vous vouliez bien me dire que vous aviez trouvé quelque profit dans la lecture de mes ouvrages, mais vous m'exprimiez en même temps, avec une sincérité qui était le meilleur garant de vos éloges, vos regrets de m'avoir vu négliger la partie technique de cet art.

« Je sens mieux que personne, ai-je dit, combien « cette lacune est regrettable, mais, puisque vous « avez quelques loisirs, que ne la comblez-vous ? »
« — Eh bien, m'avez-vous répondu, j'essayerai ! »

Et vous m'envoyez aujourd'hui le résultat de vos essais... et je constate, sans surprise, mais avec un plaisir très vif, que cet essai prétendu est un effort complètement réalisé.

Oui, mon ami, je le dis nettement, et sans ombre de flagornerie, la plaquette que vous publiez aujourd'hui et que vous intitulez avec tant d'à-propos : l'*Ecole du Mécanisme*, est un chapitre qui manque à l'*Art de bien dire ;* je me rejouis que ce chapitre ait été écrit par vous, j'applaudis sans réserve à la méthode que vous avez suivie. Cette méthode est si claire, grâce au commentaire dont vous faites précéder chaque exercice ; ces exercices sont si heureusement variés et gradués, votre travail, en un mot, est si facilement assimilable, qu'aucun professeur n'hésitera à l'adopter comme définitif, se déclarant, s'il est sincère, incapable de concevoir et de réaliser un meilleur plan, et plein de reconnaissance pour vous qui lui facilitez désormais sa tâche.

Tout me plaît dans votre étude, mon cher Gravollet, tout, jusqu'à la notation en quelque sorte mathématique des gestes, jusqu'à ces exercices de rire ou de larmes sur des syllabes ou sur des mots sans signification.

Dieu sait pourtant que j'avais autrefois toutes ces choses en horreur ; mais mes idées à cet égard se sont un peu modifiées depuis une aventure qu'il n'est pas mauvais peut-être de conter ici, car si elle me donne tort à moi qui n'ai jamais pu me défaire complètement de certaines préventions, elle vous donne pleinement raison à vous. Voici l'histoire :

Une de mes élèves les plus affectionnées ne pouvait parvenir à s'imposer à Paris.

Pourquoi ne la nommerais-je pas ? C'est cette ravissante Esquilar, dont toute la presse vient de chanter les louanges, et devant laquelle s'ouvre un si bel avenir. Par mes conseils, elle se résolut à contracter un engagement dans une capitale de l'étranger. La veille du jour fixé pour son audition, elle vint chez moi, et, avec la plus louable ardeur, nous préparâmes les scènes dans lesquelles elle se proposait de se faire entendre. Vous devinez qu'en la revoyant, le lendemain, mon premier mot, dès que j'eus appris de sa bouche l'heureux résultat de l'épreuve, fut de lui demander quelle avait été la scène choisie par son directeur. « Il n'en a choisi aucune, me répondit-elle, il ne m'a rien fait dire. » Et, comme je restais stupéfait, elle ajouta : « Il m'a d'abord regardée sous toutes les faces, m'a fait marcher au hasard dans le salon, s'assurant si j'évoluais avec aisance au milieu de tous les meubles dont on l'avait encombré comme à dessein, me faisant prendre ici telle posture, là telle autre ; enfin, m'indiquant un siège et un journal : « Asseyez vous, mademoiselle, « me dit-il, et lisez ; lisez au hasard, la première « phrase venue, et, tour à tour, sur cette même « phrase riez à gorge déployée puis éclatez en sanglots. »

« La phrase en question était un fragment d'un article qui relatait une discussion de la veille à la Chambre sur « *l'intéressante* » question des céréales.

« Tout en jugeant le personnage un peu fou, je fis docilement ce qu'il me demandait de faire, et il faut croire que je ne le fis pas trop mal, car il leva la séance de suite en me disant : « C'est fait, made-« moiselle, je vous engage ! »

Au fond, ce directeur original était dans le vrai. Entre plusieurs comédiens, le meilleur n'est pas le plus intelligent, mais le plus sensible ; surexciter l'état nerveux des élèves voilà donc l'essentiel, et, puisque vous y parvenez par votre méthode, tout est pour le mieux.

Je vous félicite bien sincèrement, mon cher ami, d'être sorti à votre honneur d'un labeur aussi aride ; je vous remercie du service que votre patience aura rendu, non pas seulement à tous ceux qui étudient, mais encore à tous ceux qui enseignent, à moi le premier ; et je vous renouvelle l'expression toute cordiale de mes sentiments sympathiques et dévoués.

H. DUPONT-VERNON.

AVANT-PROPOS

De tous les exercices pratiques que j'ai donnés à mes élèves (comédiens, professeurs, avocats, ecclésiastiques, gens du monde), dans le but de les rendre maîtres de la mécanique de la déclamation et de la diction, nécessaire aux uns et aux autres, j'ai formé cinquante leçons graduées en choisissant, parmi ces exercices, ceux qui ont amené dans la pratique les progrès les plus sûrs et les plus réguliers.

Le professeur, avant de demander à l'élève la compréhension du texte et la variété dans la vérité de l'expression, doit se préoccuper de lui donner la possibilité d'y arriver en augmentant chez lui les moyens physiques dont il devra se servir pour y parvenir.

Perfectionner l'articulation.

Corriger les défauts de prononciation : blèsement, sifflement de l'*s*, grasseyement, bégaiement, mollesse, nasillement, déformation et confusion des voyelles, déformation et confusion des consonnes (surtout chez les étrangers).

Poser la voix dans la poitrine, développer les notes graves, faire chanter les notes hautes, éviter le cri.

Augmenter la puissance du souffle en réglant la respiration par entraînement.

Diriger et limiter le geste.

Eveiller la physionomie.

Donner par graduation l'indépendance et la spontanéité du rire et des larmes.

Le premier, peut-être, j'ai pu expérimenter et grouper des exercices que le concours des circonstances m'a amené à improviser ; certain de leur efficacité par les résultats obtenus, je suis heureux de pouvoir les livrer à tous aujourd'hui, et me réjouis en pensant que mon effort et ma patience auront pour récompense la certitude d'avoir facilité la tâche de mes collègues, professeurs de diction. Pour l'étude complète de la diction et de la déclamation, je ne puis mieux faire que d'indiquer à tous la voie que j'ai suivie moi-même : s'en rapporter au magistral travail de mon éminent collègue et ami, M. Dupont-Vernon, de la Comédie-Française.

DÉCLAMATION

ÉCOLE DU MÉCANISME

PREMIÈRE LEÇON

Dans cette leçon, le premier exercice d'articulation devra être surveillé avec attention par le professeur ; l'élève s'attachera à donner aux voyelles et consonnes leur valeur propre.

Le mouvement devra être régulier pour chaque ligne. On évitera de presser l'allure aux consonnes faciles (*b, d, t,* etc.) et de ralentir aux consonnes difficiles (*j, v, z,* etc.).

La voix sera forte et soutenue. Le deuxième mouvement devra être le double plus vite que le premier. Le troisième le double que le second.

L'exercice sur la lettre *s,* exposé dans cette leçon, a pour but de corriger le *blèsement.* Ce défaut se produit par l'arrivée de la consonne *d,* qui se joint à l'*s* que l'on veut prononcer : d*ciel* d*si* d*se* d*ci* d*ce* d*sait,* etc., en faisant changer les *s* et les *c* en *z,* j'écarte cette consonne et j'arrive sûrement, par la suite, à rendre à l'*s* sa prononciation.

Beaucoup d'élèves grasseyent ; d'autres sans grasseyer, ont une grande difficulté à vibrer les *r.* Je donne dans cette leçon le premier des exercices sur la lettre *r*, qui doivent amener la facilité de la vibration.

Premier exercice ayant pour but de donner de la force et de la netteté à l'articulation

a e i o u*

*an en** in on un*

Une fois chaque ligne très fort et très lentement ;
Une fois chaque ligne vite et fort ;
Une fois chaque ligne très vite en liant les syllabes.

ba	*be*	*bi*	*bo*	*bu*
ca	*ce****	*ci*	*co*	*cu*
da	—	—	—	—
fa	—	—	—	—
ga	—	—	—	—
ja	—	—	—	—
la	—	—	—	—
ma	—	—	—	—
na	—	—	—	—
pa	—	—	—	—
ra	—	—	—	—
sa	—	—	—	—
ta	—	—	—	—
va	—	—	—	—
xa	—	—	—	—
za	*ze*	*zi*	*zo*	*zu*

Chaque ligne trois fois graduées, comme pour l'exercice ci-dessus.

Puis reprendre tout l'exercice très vite, en liant en une seule respiration.

Préparer chaque consonne, c'est-à-dire en exagérer la prononciation en disant l'exercice lentement.

S'écouter avec attention et bien donner, à chaque syllabe, la valeur de la voyelle la composant.

* L'*e* muet. — ** Même prononciation que *an*. — *** Donner aux *c* la prononciation de *k*.

Prononcer l'*a* fermé, l'*e* muet, l'*o* ouvert (comme marqué d'un accent circonflexe). Eviter de changer l'*u* en *i*.

Exercice sur la lettre S

Ciel si ceci se sait ses soins sont sans succès.

Une fois très fort et très lentement.

Une fois très fort et très lentement en remplaçant les *c* et les *s* par des *z*.

Ziel zi zezi ze zait zes zoins zont zans zuczès.

Une fois très vite et fort.

Puis quatre fois la phrase en une respiration.

Puis quatre fois la phrase en une respiration, en remplaçant les *c* et les *s* par des *z*.

Premier exercice de vibration pour la lettre R

ta	*da*	*la*	*dla*	*dla*	*dla*	*dra*
te	*de*	*le*	*dle*	*dle*	*dle*	*dre*
ti	*di*	*li*	*dli*	*dli*	*dli*	*dri*
to	*do*	*lo*	*dlo*	*dlo*	*dlo*	*dro*
tu	*du*	*lu*	*dlu*	*dlu*	*dlu*	*dru*

dra *dre* *dri* *dro* *dru*

Exercice de voix

Ah médium	—	Attaquer la note en médium fort et la garder sans augmenter ni diminuer l'intensité du son.
	<	Attaquer le son faible et augmenter jusqu'au très fort. Arrêter brusquement.
	>	Attaquer le son très fort et diminuer jusqu'au très faible.

DEUXIÈME LEÇON

Dans ce deuxième exercice sur l'articulation, le professeur surveillera la prononciation de *bun, cun, dun,* etc. Il y a toujours tendance à changer ces syllabes en *bin, cin, din,* etc., ce qui fait dire en parlant : *lindi, chaquin, quelquin,* etc.

Le *sifflement* de l'*s* est très fréquent. Les exercices qui le corrigent sont les mêmes que pour le blèsement. Je donne dans cette leçon le deuxième de ces exercices.

Pour les exercices de voix, le professeur surveillera l'émission du son. Que la voix s'appuie sur le palais et ne soit ni nasillarde, ni gutturale. Les *rinforzando* et *diminuendo* devront s'obtenir graduellement et non par à-coups.

Prononciation

ban	*ben*	*bin*	*bon*	*bun*	
can	*cen*	*cin*	*con*	*cun*	
dan	*den*	*din*	*don*	*dun*	
fan	*fen*	*fin*	*fon*	*fun*	
gan	*gen*	*gin*	*gon*	*gun*	
jan	*jen*	*jin*	*jon*	*jun*	Comme pour *ba be bi bo bu.* (Voir 1re leçon.)
lan	*len*	*lin*	*lon*	*lun*	
man	*men*	*min*	*mon*	*mun*	
nan	*nen*	*nin*	*non*	*nun*	
pan	*pen*	*pin*	*pon*	*pun*	
ran	*ren*	*rin*	*ron*	*run*	

Prononciation *(suite)*

san	*sen*	*sin*	*son*	*sun*
tan	*ten*	*tin*	*ton*	*tun*
van	*ven*	*vin*	*von*	*vun*
xan	*xen*	*xin*	*xon*	*xun*
zan	*zen*	*zin*	*zon*	*zun*

Comme pour *ba be bi bo bu.* (Voir 1re leçon.)

Exercice sur la lettre S

Ciel si ceci se sait ses soins sont sans succès.
Six fois en une respiration avec *z* (voir 1re leçon).
Six fois en une respiration avec *s* (voir 1re leçon).

Exercice de vibration sur la lettre R

tan	*dan*	*lan*	*dlan*	*dlan*	*dlan*	*dran*
ten	*den*	*len*	*dlen*	*dlen*	*dlen*	*dren*
tin	*din*	*lin*	*dlin*	*dlin*	*dlin*	*drin*
ton	*don*	*lon*	*dlon*	*dlon*	*dlon*	*dron*
tun	*dun*	*lun*	*dlun*	*dlun*	*dlun*	*drun*

dran dren drin dron drun

comme pour *ta la da,* etc. (1re leçon).

Exercice de voix

Ah
médium

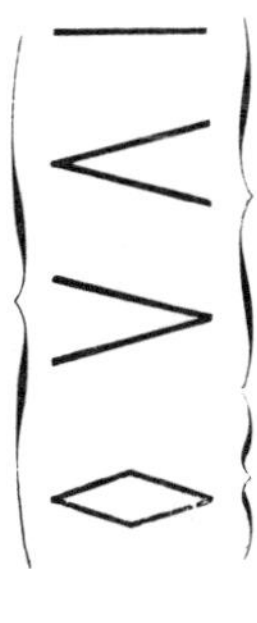

(Voir 1re leçon.)

Attaquer le son faible, augmenter jusqu'au très fort, puis diminuer jusqu'au très faible.

TROISIÈME LEÇON

Cet exercice d'articulation a pour but d'assouplir la prononciation de la lettre *m*.

J'habitue les élèves à bien prendre leur respiration et à commencer à parler aussitôt la respiration prise. La force du souffle augmente d'une façon étonnante par l'entraînement. Une phrase dite au début une seule fois, en une respiration, avec difficulté, arrive à être dite trois fois sans effort dans cette seule respiration, après quelques semaines de travail.

Ces premiers exercices de voix ayant pour but *la pose de la voix,* on devra éviter le chevrotement.

Exercice d'articulation

ma	*ta*	*ma*	*ma*	*ta*	*mat*	*ma*
me	*te*	*me*	*me*	*te*	*met*	*me*
mi	*ti*	*mi*	*mi*	*ti*	*mit*	*mi*
mo	*to*	*mo*	*mo*	*to*	*mot*	*mo*
mu	*tu*	*mu*	*mu*	*tu*	*mut*	*mu*
man	*tan*	*man*	*man*	*tan*	*mant*	*man*
men	*ten*	*men*	*men*	*ten*	*ment*	*men*
min	*tin*	*min*	*min*	*tin*	*mint*	*min*
mon	*ton*	*mon*	*mon*	*ton*	*mont*	*mon*
mun	*tun*	*mun*	*mun*	*tun*	*munt*	*mun*

Chaque ligne comme *ba be bi,* etc.

Puis les cinq premières lignes en une respiration, vite.

Les cinq lignes suivantes en une respiration, vite.

Puis l'exercice complet en une respiration, très vite.

Exercice sur la lettre S

Ciel si ceci se sait ses soins sont sans succès.

Une fois avec *z*, une fois avec *s*, en une seule respiration très lentement et très fort.

Trois fois avec *z*, trois fois avec *s*, en une seule respiration très vite et très fort.

Exercice de vibration sur la lettre R

ta	*da*	*la*	*dla*	*dla*	*dla*	*dra*	*DRA*
te	*de*	*le*	—	—	—	—	—
ti	*di*	*li*	—	—	—	—	—
to	*do*	*lo*	—	—		—	—
tu	*du*	*lu*	*dlu*	*dlu*	*dlu*	*dru*	*DRU*

tan	*dan*	*lan*	*dlan*	*dlan*	*dlan*	*dran*	*DRAN*
ten	*den*	*len*	—	—	—	—	—
tin	*din*	*lin*	—	—	—	—	—
ton	*don*	*lon*	—	—	—	—	—
tun	*dun*	*lun*	—	—	—	—	—

Les deux exercices comme aux 1re et 2e leçons, puis le *dra* ou *dran* final en vibrant quatre fois l'*r* de la syllabe : *drrrra*, etc. ; puis :

dra dre dri dro dru — dran dren drin dron drun

(de même).

Exercice de voix

Ah

médium

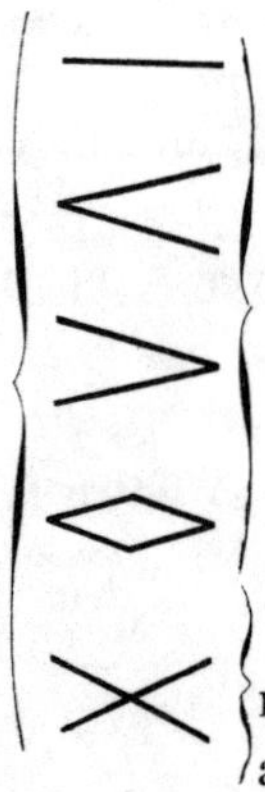

(Voir la 2e leçon.)

Attaquer le son très fort, diminuer jusqu'au très faible, puis augmenter jusqu'au très fort.

QUATRIÈME LEÇON

L'exercice d'articulation de cette leçon sert à corriger le *blèsement* et le *sifflement* de la lettre *s* tout en assouplissant les consonnes et en exerçant la respiration.

Les exercices préparatoires de la *vibration* de l'*r* prennent fin à cette leçon, on ne devra commencer les suivants que lorsque le résultat obtenu par le premier travail sera satisfaisant.

L'exercice de voix, quoique marqué en voix haute, doit être fait *en voix de poitrine* et non en voix de tête.

Exercice d'articulation. — Exercice sur la lettre S

bsa	*bse*	*bsi*	*bso*	*bsu*
bsan	*bsen*	*bsin*	*bson*	*bsun*
csa	*cse*	*csi*	*cso*	*csu*
csan	—	—	—	—
dsa	—	—	—	—
dsan	—	—	—	—
fsa	—	—	—	—
fsan	—	—	—	—
gsa	—	—	—	—
gsan	—	—	—	—
jsa	—	—	—	—
jsan	—	—	—	—
lsa	—	—	—	—
lsan	—	—	—	—

Tout l'exercice comme il est indiqué à la première leçon pour *ba be bi bo bu*, etc.

Puis tout l'exercice de même, en remplaçant les *s* par des *z*.

Exemple : *bza bze bzi bzo bzu bzan*, etc.

Puis tout l'exercice en deux respirations.

Exercice d'articulation. — Exercice sur la lettre S
(suite)

msa	*mse*	*msi*	*mso*	*msu*
msan	*msen*	*msin*	*mson*	*msun*
nsa	—	—	—	—
psa	—	—	—	—
psan	—	—	—	—
rsa	—	—	—	—
rsan	—	—	—	—
sa	—	—	—	—
san	—	—	—	—
tsa	—	—	—	—
tsan	—	—	—	—
vsa	*vse*	*vsi*	*vso*	*vsu*
vsan	*vsen*	*vsin*	*vson*	*vsun*

Tout l'exercice comme il est indiqué à la première leçon pour *ba be bi bo bu,* etc.

Puis tout l'exercice de même, en remplaçant les *s* par des *z.*

Exemple : *bza bze bzi bzo bzu bzan,* etc.

Puis tout l'exercice en deux respirations.

Exercice de vibration sur la lettre R

Le même exercice qu'à la 3e leçon ; puis ajouter *dra, dre* (etc.), à chaque ligne, en vibrant huit fois chaque *r* ; exemple :

ta da la, dla dla dla dra drrrra, drrrrrrra, etc.,

puis :

dra dre dri dro dru — dran dren drin dron drun, en vibrant huit fois chaque *r.*

Exercice de voix

Les cinq exercices indiqués à la 3e leçon, mais cette fois dans la voix haute.

CINQUIÈME LEÇON

Je donne ici une observation qui n'a pu trouver sa place plus tôt. Nous avons très souvent à corriger chez nos élèves la prononciation, l'accent du Midi. Le professeur devra s'attacher à faire prononcer tous les exercices à terminaison nasale : *ban ben bin bon bun,* etc. ; *man tan man,* etc., tels qu'ils sont écrits. En effet, les Méridionaux et certains étrangers éprouvent une grande difficulté à le faire et prononcent : *baine benne binne bonne bunne ;* ainsi ils disent : la *raisonne* du plus fort, etc.

Les exercices de voix ne doivent pas être poussés jusqu'à l'épuisement de la respiration.

Exercice d'articulation. — Exercice sur la lettre S

msa	*tsa*	*msa*	*msa*	*tsa*	*msat*	*msa*
mse	—	—	—	—	—	—
msi	—	—	—	—	—	—
mso	—	—	—	—	—	—
msu		—	—	—	—	—
msan	*tsan*	*msan*	*msan*	*tsan*	*msant*	*msan*
msen	—	—	—	—	—	—
msin	—	—	—	—	—	—
mson	—	—	—	—	—	—
msun	—	—	—	—	—	—

Comme pour *ma ta ma ma ta mat ma* (voir l'exercice de la troisième leçon).

Puis de même, en remplaçant les *s* par des *z*. — Exemple : *mza tza mza mza tza mzat mza.*

Exercice de vibration sur la lettre R
(pour les chanteurs)

Apprendre la phrase ci-dessous ; la dire d'abord une fois lentement et très fort ;

Puis une fois lentement en vibrant quatre fois chaque *r ;*

Puis dire la phrase une fois en une seule respiration.

Dis-moi gros gras grand grain d'orge
Quand te dégros gras grand grain d'orgeras-tu ?
Je me dégros gras grand grain d'orgerai,
Quand tous les gros gras grands grains d'orge
Se dégros gras grand grain d'orgeront

Exercice de voix

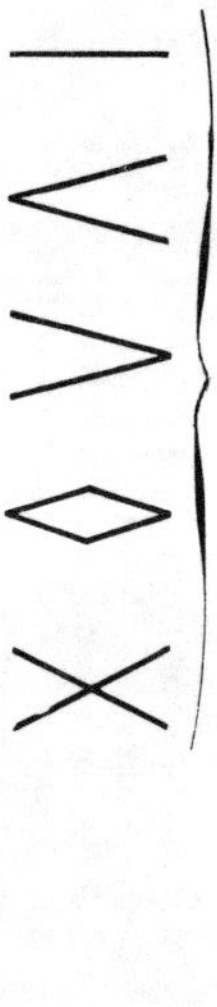

Les cinq exercices de la 3e leçon :

D'abord en voix grave les cinq exercices ;

Puis en médium les cinq exercices ;

Puis en voix haute les cinq exercices.

SIXIÈME LEÇON

Pour obtenir les progrès qu'amène le travail de l'*Ecole du Mécanisme,* le professeur devra demander à l'élève un effort régulier et continu :

Une demi-heure, une heure, deux heures, suivant le temps dont il peut disposer et les défauts qu'il a à corriger. Mais une demi-heure, une heure ou deux heures *chaque jour,* et non une heure et demie, trois heures ou six heures tous les trois jours. Les progrès ne s'obtiennent que par entraînement et que par la continuité de l'effort.

L'exercice d'articulation de cette leçon exerce la vibration de l'*r* dans toutes les consonnes et toutes les voyelles. On devra s'y arrêter longtemps et ne le quitter que lorsqu'on pourra le dire parfaitement.

Exercice d'articulation. — Exercice de vibration sur la lettre R

(pour les chanteurs)

bra	*bre*	*bri*	*bro*	*bru*	Chaque ligne comme l'exercice de *ba be bi bo bu* (voir 1re leçon). Puis reprendre l'exercice lentement et très fort, en vibrant quatre fois chaque *r*. Puis dire tout l'exercice très vite en trois respirations.
bran	*bren*	*brin*	*bron*	*brun*	
cra	—	—	—	—	
cran	—	—	—	—	
dra	—	—	—	—	
dran	—	—	—	—	
fra	—	—	—	—	
fran	—	—	—	—	

Exercice d'articulation. — Exercice de vibration sur la lettre R *(suite)*

gra	*gre*	*gri*	*gro*	*gru*
gran	*gren*	*grin*	*gron*	*grun*
jra	—	—	—	—
jran	—	—	—	—
lra	—	—	—	—
lran	—	—	—	—
mra	—	—	—	—
mran	—	—	—	—
nra	—	—	—	—
nran	—	—	—	—
pra	—	—	—	—
pran	—	—	—	—
ra	—	—	—	—
ran	—	—	—	—
sra	—	—	—	—
sran	—	—	—	—
tra	—	—	—	—
tran	—	—	—	—
vra	—	—	—	—
vran	—	—	—	—
xra	—	—	—	—
xran	—	—	—	—
zra	*zre*	*zri*	*zro*	*zru*
zran	*zren*	*zrin*	*zron*	*zrun*

Chaque ligne comme l'exercice de *ba be bi bo bu* (voir 1re leçon).

Puis reprendre l'exercice lentement et très fort, en vibrant quatre fois chaque *r*.

Puis dire tout l'exercice très vite en trois respirations.

Exercice sur la lettre S

Ciel si ceci se sait ses soins sont sans succès.
L'assassin sur son sein suçait son sang sans cesse.

La phrase une fois très lentement et très fort.
Puis trois fois vite en une respiration.

Exercice de voix

Chaque exercice en voix grave d'abord, en médium ensuite, puis en voix haute.

SEPTIÈME LEÇON

Je demande dans l'exercice d'articulation de cette leçon de vibrer quatre fois chaque *r* ; cette vibration sera précipitée et légère : les défauts à éviter sont la lenteur et la lourdeur de la vibration.

Pour arriver à faire ce que je demande dans l'exercice de voix, l'élève devra prendre une forte respiration, attaquer de suite l'exercice ; une fois la moitié du souffle perdu, s'arranger pour avoir fini une première fois l'exercice ; s'arrêter une seconde, puis attaquer de nouveau ce même exercice, et le terminer sur la fin du souffle sans avoir repris une nouvelle respiration.

Exercice d'articulation

mra	*tra*	*mra*	*mra*	*tra*	*mrat*	*mra*
mre	—	—	—	—	—	—
mri	—	—	—	—	—	—
mro	—	—	—	—	—	—
mru	—	—	—	—	—	—
mran	—	—	—	—	—	—
mren	—	—	—	—	—	—
mrin	—	—	—	—	—	—
mron	—	—	—	—	—	—
mrun	—	—	—	—	—	—

Chaque ligne comme *ma ta ma*, etc. (Voir troisième leçon.)

Puis chaque ligne lentement et fort en vibrant quatre fois chaque *r*.

Puis tout l'exercice en une respiration.

Exercice sur la lettre S

Ciel si ceci se sait ses soins sont sans succès.
L'assassin sur son sein suçait son sang sans cesse.

La phrase une fois très lentement et très fort, puis une fois de même en remplaçant les *s* et les *c* par des *z* ;

Ziel zi ze, etc.
L'azazin zur, etc.

Puis trois fois l'exercice en une respiration avec les *s* ;

Puis trois fois l'exercice en une respiration avec les *z* ;

Exercice de voix

L'exercice comme à la troisième leçon, mais deux fois chaque exercice en une respiration, avec deux attaques.

HUITIÈME LEÇON

Tous les exercices de chaque leçon de l'*Ecole du Mécanisme* doivent être appris avant d'être travaillés.

Dans l'exercice d'articulation de cette leçon, qui réunit entre elles les consonnes de façon à ce que cet assemblage offre une difficulté à vaincre, on devra préparer la première consonne et faire sonner la consonne finale de chaque syllabe.

Préparer une consonne, c'est exagérer avant la parole le mécanisme des lèvres qui doit amener l'articulation de cette lettre.

Exercice d'articulation

*bam**	*bem***	*bim*	*bom*	*bum*
cap	*cep*	*cip*	*cop*	*cup*
dag	*deg*	*dig*	*dog*	*dug*
fax	—	—	—	—
gaj	—	—	—	—
jar	—	—	—	—
*lan****	—	—	—	—
mas	—	—	—	—
naz	—	—	—	—
pac	—	—	—	—
rat	—	—	—	—

Comme le premier exercice *ba be bi bo bu*, etc.

* Prononcer *bame beme bime bome bume.*

** Prononcer l'*e* muet : *beme* et non *baime, cepe* et non *caipe.*

*** Prononcer *lane lene,* etc.

Exercice d'articulation *(suite)*

sar	*ser*	*sir*	*sor*	*sur*	Comme le premier exercice *ba be bi bo bu*, etc.
tal	—	—	—	—	
vax	—	—	—	—	
xaz	—	—	—	—	
zaf	—	—	—	—	

Exercice sur la lettre S

Ciel si ceci se sait, etc.
L'assassin sur, etc.

Quatre fois en une respiration avec *z*.
Quatre fois en une respiration avec *s*.

Exercice de vibration

Dis-moi gros gras grand grain d'orge, etc.

De même qu'à la cinquième leçon, puis arriver à dire une fois et demie l'exercice en une respiration.

Exercice de voix

Chaque exercice deux fois en une respiration, avec deux attaques.

Successivement dans les trois timbres : grave, médium, haut.

NEUVIÈME LEÇON

Dans l'exercice d'articulation, attaquer fortement la première des trois syllabes liées. Dire les deux autres dans le même élan.

C'est pour cet exercice entre autres que la régularité de l'allure s'impose. Au besoin, s'aider d'un métronome, prendre la consonne la plus difficile à prononcer (elle varie suivant l'élève), la dire le plus vite possible, sans aucune faute ni arrêt, et garder le mouvement obtenu ainsi pour toutes les autres consonnes.

Tout en pressant l'allure pour arriver à dire deux fois en une respiration la phrase entière : *Dis-moi gros,* etc., prononcer nettement chaque syllabe. Il arrive souvent qu'en voulant presser le débit on escamote des syllabes, le professeur doit être très sévère en ce cas, car l'élève, au lieu de faire un progrès, rétrograderait.

L'exercice de voix se fait comme j'ai indiqué à la septième leçon, mais en divisant sa respiration en trois.

Exercice d'articulation

bambambam	*bembembem*	*bimbimbim*	*bombombom*	*bumbumbum*
*capcapcap**	*cepcepcep*	*cipcipcip*	*copcopcop*	*cupcupcup*
dagdagdag	—	—	—	—
faxfaxfax	—	—	—	—
gajgajgaj	—	—	—	—
jarjarjar	—	—	—	—
lanlanlan	—	—	—	—
masmasmas	—	—	—	—
naznaznaz	—	—	—	—

* Le *c* se prononcera comme *k.* — Dans tout l'exercice prononcer l'*e* muet.

Exercice d'articulation *(suite)*

pacpacpac	*pecpecpec*	*picpicpic*	*pocpocpoc*	*pucpucpuc*
ratratrat	—	—	—	—
sarsarsar	—	—	—	—
vaxvaxvax	—	—	—	—
xazxazxaz	—	—	—	—
zafzafzaf	*zefzefzef*	*zifzifzif*	*zofzofzof*	*zufzufzuf*

Une fois chaque ligne lentement et fort.
Une fois chaque ligne vite et fort.
Puis l'exercice, cinq lignes en une respiration.

Exercice sur la lettre S

Ciel si ceci se sait, etc.
L'assassin, etc.

Une fois avec *z*.
Une fois avec *s*.
Une fois avec *z*.
Une fois avec *s*.
} En une respiration.

Exercice de vibration

Dis-moi gros, etc.

Comme à la huitième leçon, mais arriver à dire deux fois l'exercice en une respiration.

Exercice de voix

Chaque exercice trois fois en une respiration, avec trois attaques.

Successivement dans les trois timbres : grave, médium, haut.

DIXIÈME LEÇON

Les élèves qui *blèsent* ou *sifflent* les *s* devront faire cet exercice d'articulation d'abord en remplaçant l'*s* par *z*. Ex. : *bzambzambzam,* etc.

Pour vibrer sept ou huit fois chaque *r,* attaquer fort chaque syllabe et redoubler sept ou huit fois l'*r* dans le même élan, en gardant la langue contre les dents.

L'exercice de voix s'exécutera de la manière suivante :

Prendre une très grande respiration ; attaquer et faire très court le premier exercice, s'arrêter ; attaquer et faire le second exercice, s'arrêter ; attaquer et faire le troisième exercice, s'arrêter ; attaquer et faire le quatrième exercice, s'arrêter ; attaquer et faire le cinquième exercice, puis respirer.

L'intervalle entre la voix grave et le médium doit être d'une quinte ; de même entre le médium et la voix haute.

Exercice d'articulation. — Exercice sur la lettre S

bsambsambsam	bsembsembsem	bsimbsimbsim	bsombsombsom	bsumbsumbsum
csapcsapcsap	—	—	—	—
dsagdsagdsag	—	—	—	—
fsaxfsaxfsax	—	—	—	—
gsajgsajgsaj	—	—	—	—
jsarjsarjsar	—	—	—	—
lsanlsanlsan	—	—	—	—
msasmsasmsas	—	—	—	—

Exercice d'articulation. — Exercice sur la lettre S
(suite)

nsaznsaznsaz	nseznseznsez	nsiznsiznsiz	nsoznsoznsoz	nsuznsuznsuz
psacpsacpsac	—	—	—	—
rsatrsatrsat	—	—	—	—
vsaxvsaxvsax	vsexvsexvsex	vsixvsixvsix	vsoxvsoxvsox	vsuxvsuxvsux

Comme l'exercice de la neuvième leçon :

bambambam, etc.

Exercice de vibration

Dis-moi gros, etc.

Vibrer sept fois chaque *r*.

Arriver à dire deux fois et demie l'exercice en une respiration.

Exercice de voix

Les cinq exercices en une respiration : médium.

ONZIÈME LEÇON

Je commence dans cette leçon les *exercices de rire* qui seront continués et gradués aux 13e, 15e, 18e, 19e, 21e, 24e, 25e, 31e, 33e, 34e, 35e, 36e, 38e, et 39e leçons.

Les *ha he hi ho hu* se donnent non en prenant mais en rendant la respiration. Surveiller avec soin les attaques et les respirations indiquées.

En faisant *régulièrement* et *graduellement* les exercices de rire des leçons ci-dessus, sous la direction d'un professeur, seulement durant deux mois, on sait rire ensuite. Combien de comédiens de talent, même après des années de théâtre, sont gênés en scène, lorsqu'il s'agit de rire aux éclats !

Exercice d'articulation. — Exercice sur la lettre R

brambrambram	brembrembrem	brimbrimbrim	brombrombrom	brumbrumbrum
crapcrapcrap	—	—	—	—
dragdragdrag	—	—	—	—
fraxfraxfrax	—	—	—	—
grajgrajgraj	—	—	—	—
jrarjrarjrar	—	—	—	—
lranlranlran	—	—	—	—
mrasmrasmras	—	—	—	—
nraznraznraz	—	—	—	—
pracpracprac	—	—	—	—
srarsrarsrar	—	—	—	—
traltraltral	—	—	—	—
vraxvraxvrax	—	—	—	—
xrazxrazxraz	—	—	—	—
zrafzrafzraf	zrefzrefzref	zrifzrifzrif	zrofzrofzrof	zrufzrufzruf

Comme l'exercice de la neuvième leçon :
bambambam, etc.

Exercice de voix

Comme l'exercice de la dixième leçon, mais dans les trois timbres : grave, médium, haut.

Exercice de rire

ha	*ha*	*ha*	*ha*
he	*he*	*he*	*he*
hi	*hi*	*hi*	*hi*
ho	*ho*	*ho*	*ho*
hu	*hu*	*hu*	*hu*

Chaque ligne très lentement, en respirant avant chaque *ha,* en exagérant l'*h* aspiré.

Puis chaque ligne en une respiration avec une seule attaque.

HA	*ha*	*ha*	*ha*
HE	*he*	*he*	*he*

Puis tout l'exercice en une respiration, avec une seule attaque au premier *ha*.

DOUZIÈME LEÇON

Cet exercice d'articulation a pour but de faciliter la vibration de l'*r* à la fin des mots où la dernière syllabe est composée d'une consonne, de l'*r* et d'un *e* muet. Ex. : *candélabre, sobre, nègre.*

Avoir bien soin d'attaquer avec force la première consonne, les *b,* et donner moins de force aux autres consonnes commençant les syllabes muettes. Faire sentir l'*e* final, mais ne pas le prononcer.

Dans l'exercice de voix, la répétition en écho sera d'une moins longue durée que celle de l'exercice fait pour la première fois.

Exercice d'articulation. — Exercice de vibration

babre	*bacre*	*badre*	*bafre*	*bagre*	*bajre*
balre	*bamre*	*banre*	*bapre*	*basre*	*batre*
bavre	*baxre*	*bazre*			
bebre	*becre*	*bedre*	*befre*	*begre*	*bejre*
belre	*bemre*	*benre*	*bepre*	*besre*	*betre*
bevre	*bexre*	*bezre*			
bibre	*bicre*	*bidre*	*bifre*	*bigre*	*bijre*
bilre	*bimre*	*binre*	*bipre*	*bisre*	*bitre*
bivre	*bixre*	*bizre*			
bobre	*bocre*	*bodre*	*bofre*	*bogre*	*bojre*
bolre	*bomre*	*bonre*	*bopre*	*bosre*	*botre*
bovre	*boxre*	*bozre*			

Exercice d'articulation. — Exercice de vibration
(suite)

bubre bucre budre bufre bugre bujre
bulre bumre bunre bupre busre butre
buvre buxre buzre

Une fois chaque exercice lentement et fort.

Une fois chaque exercice vite et fort en une respiration.

Exercice sur la lettre S

Ciel si c'est cinq sous ces six ou sept saucissons-ci, c'est cent cinq sous ces cent six ou cent sept saucissons aussi.

Apprendre la phrase ci-dessus.
La dire une fois lentement et très fort.
Puis deux fois vite en une respiration.

Exercice de voix

—— fort, puis le même —— en écho très faible

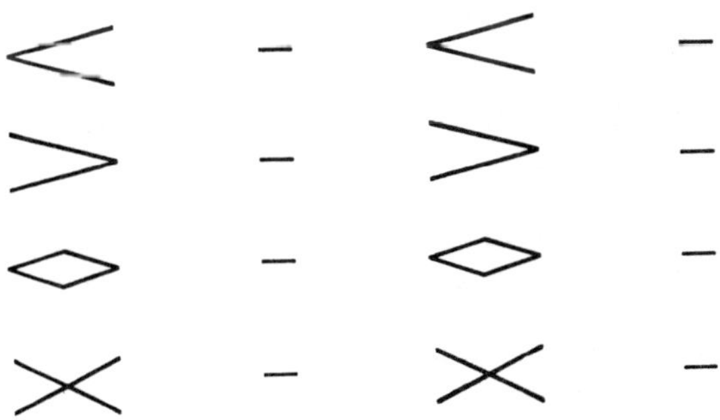

TREIZIÈME LEÇON

Les explications données pour l'exercice d'articulation de la douzième leçon sont les mêmes pour celui de celle-ci.

Dans l'exercice de la lettre *s*, prononcer : « ces six ou *sè* saucissons-ci » et non *sept* en faisant sonner le *t*.

L'exercice de voix s'exécute de la façon suivante :

Prendre une forte respiration ; attaquer l'exercice et le finir avec les deux tiers de cette respiration, s'arrêter ; attaquer le même exercice en écho, c'est-à-dire plus faible, et le terminer avec le reste de la respiration prise.

Exercice d'articulation. — Exercice de vibration

banbre bancre bandre banfre bangre banjre
banlre banmre bannre banpre bansre bantre*
banvre banxre banzre

*benbre** bencre bendre benfre bengre benfre*
benlre benmre bennre benpre bensre bentre
benvre benxre benzre

binbre bincre bindre binfre bingre binjre
binlre binmre binnre binpre binsre bintre
binvre binxre binzre

* Prononcer *bam* | *re, ban* | *mre.*
** Le second exercice se prononce comme le premier.

Exercice d'articulation. — Exercice de vibration
(suite)

bonbre boncre bondre bonfre bongre bonjre
bonlre bonmre bonnre bonpre bonsre bontre
bonvre bonxre bonzre

bunbre buncre bundre bunfre bungre bunjre
bunlre bunmre bunmre bunpre bunsre buntre
bunvre bunxre bunzre

Comme l'exercice d'articulation *babre bacre,* etc. (Voir douzième leçon.)

Exercice sur la lettre S

Ciel si c'est cinq sous ces six ou sept saucissons-ci, etc. (Voir douzième leçon.)

De même qu'à la douzième leçon.

Puis trois fois en une respiration.

Exercice de voix

Comme à la douzième leçon.

Mais chaque exercice et son écho en une respiration.

QUATORZIÈME LEÇON

L'exercice d'articulation de cette leçon a pour but de faciliter et d'assouplir la vibration de l'*r* dans la prononciation des mots : *traître, prêtre, propre,* etc. ; il s'exécute comme ceux des deux dernières leçons.

Toutes les cinq ou six leçons, le professeur fera repasser tous les exercices déjà vus, avant de commencer le suivant.

Exercice d'articulation. — Exercice de vibration

brabre	*bracre*	*bradre*	*brafre*	*bragre*	etc.
brebre	*brecre*	*bredre*	etc.		
bribre	*bricre*	*bridre*	etc.		
brobre	*brocre*	etc.			
brubre	etc.				

branbre	*brancre*	*brandre*	etc.
brenbre	*brencre*	etc.	
brinbre	etc.		
bronbre	etc.		
brunbre	etc.		

Comme *babre bacre* et *banbre bancre.* (Voir douzième et treizième leçons.)

Exercice sur la lettre S

Ciel si c'est cinq sous, etc. (Voir douzième leçon.)
Une fois en remplaçant les *c* et les *s* par des *z* :

Ziel zi z'est zinq zous, etc.
lentement et fort.

Puis :

Une fois avec *z*.
Une fois avec *s*.
Une fois avec *z*.
Une fois avec *s*.
} Une respiration.

Exercice de voix

Comme à la treizième leçon, mais chaque exercice et son écho dans les trois timbres : grave, médium haut.

QUINZIÈME LEÇON

L'exercice de voix s'exécute de la façon suivante :

Prendre une forte respiration, attaquer de suite la gamme *ah* *ah* à chaque note, puis
do ré mi fa sol la si do
faire l'exercice sur la dernière note attaquée plus fort.

La gamme doit être faite assez vite.

Ce deuxième exercice de rire doit être fait absolument comme le premier, la difficulté s'augmente du nombre de syllabes (six *ha* au lieu de quatre).

Exercice d'articulation. — Exercice sur la lettre S
Exercice de vibration

bsabre *bsacre* *bsadre* *bsafre* *bsagre* *bsapre*
bsalre *bsamre* *bsanre* *bsapre* *bsasre* *bsatre*
bsavre *bsaxre* *bsazre*
bsebre *bsecre* etc.
bsibre *bsicre* etc.
bsobre *bsocre* etc.
bsubre *bsucre* etc.

bsanbre *bsancre* *bsandre* *bsanfre* etc.
bsenbre *bsencre* etc.
bsinbre *bsincre* etc.
bsonbre *bsoncre* etc.
bsunbre *bsuncre* etc.

Comme *babre bacre banbre,* etc. (Voir douzième et treizième leçons.)

Exercice de voix

Une gamme montante, et sur la dernière note

l'exercice ——

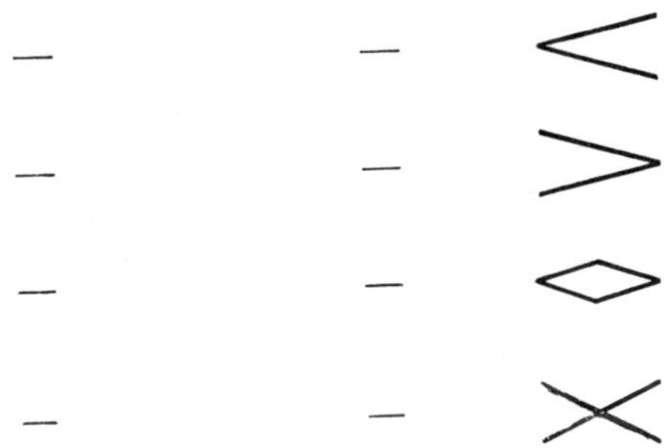

Exercice de rire

ha ha ha ha ha ha
he he he he he he
hi hi hi hi hi hi
ho ho ho ho ho ho
hu hu hu hu hu hu

Comme l'exercice de la onzième leçon.

SEIZIÈME LEÇON

L'exercice d'articulation de cette leçon ainsi que ceux donnés à la 17e, 18e et 19e leçons, a pour but d'amener l'élève à l'indépendance du mécanisme de la prononciation.

En effet, dans ces exercices, l'esprit est entièrement occupé, et l'attention seulement appliquée à ne pas faire d'erreur dans la substitution des voyelles devant les mêmes consonnes : à tour de rôle, elles viennent prendre chacune des cinq places, il faut donc que l'articulation se fasse mécaniquement.

A propos de l'exercice de vibration, il est évident que toutes ces phrases données sur une difficulté de prononciation n'ont d'autre but que d'exagérer cette difficulté, et d'aider à la vaincre par la suite ; on devra donc excuser tous les contresens et toutes les fautes de construction impossibles à éviter.

Exercice d'articulation

ba ge di bo fu be gi do bu fa bi go du ba fe
bo gu da be fi bu ga de bi fo

ca je li mo nu ce ji lo mu na ci jo lu ma ne
co ju la me ni cu ja le mi no

Savoir parfaitement l'exercice.
Le dire une fois très lentement.
Puis une fois chaque en une respiration.
Puis les deux exercices en une respiration.

Exercice sur la lettre S

Ciel si ceci se sait ses soins sont sans succès.
L'assassin sur son sein suçait son sang sans cesse.
Ciel si c'est cinq sous ces six ou sept saucissons-ci c'est cent cinq sous ces cent six ou cent sept saucissons aussi.

Deux fois les trois phrases réunies en une respiration.

Exercice de vibration sur la lettre R

Grand doreur quand redoreras-tu sûrement et d'un goût rare mes trente-trois ou trente-quatre grandes cuillers d'or trop argentées ? Je redorerai sûrement et d'un goût rare tes trente-trois ou trente-quatre grandes cuillers d'or trop argentées, quand j'aurai redoré sûrement et d'un goût rare tes trente-trois ou trente-quatre autres grandes cuillers d'or trop argentées.

Apprendre la phrase.
La dire une fois très lentement.

DIX-SEPTIÈME LEÇON

Il est très difficile d'éviter la confusion dans la prononciation de cette leçon d'articulation, on devra faire chaque exercice très lentement d'abord, afin de bien déterminer pour chaque syllabe sa valeur propre.

Eviter de changer *un* en *in*.

Tous les exercices de respiration s'exécutent debout.

Exercice d'articulation

ban gen din bon fun
bin gon dun ban fen
bun gan den bin fon
ben gin don bun fan
bon gun dan ben fin

can jen lin mon nun
cin jon lun man nen
cun jan len min non
cen jin lon mun nan
con jun lan men, nin

Savoir l'exercice.
Le dire une fois très lentement.
Puis une fois chaque en une respiration.
Puis les deux exercices en une respiration.

Exercice sur la lettre S

Ciel si ceci se sait, etc.
L'assassin, etc.
Ciel si c'est cinq sous, etc.

Une fois avec *z*.
Une fois avec *s*.
En une respiration.

Exercice de vibration

Grand doreur quand redoreras-tu sûrement et d'un goût rare, etc. (Voir la seizième leçon.)

Une fois en vibrant sept fois chaque *r*.
Une fois l'exercice en une respiration.

DIX-HUITIÈME LEÇON

L'exercice de voix de cette leçon se fait de la façon que j'ai indiquée pour la quinzième leçon. La gamme est descendante. Ne pas prendre la gamme en médium, car on arriverait ainsi à faire l'exercice sur une note trop grave.

Dans les premiers jours que l'on travaille les exercices de rire, on ressent souvent quelques étourdissements, vite dissipés, d'ailleurs ; il conviendra, en ce cas, de ne donner d'abord à ces exercices que deux ou trois minutes d'application, en augmentant progressivement le temps que l'on y consacre.

Exercice d'articulation. — Exercice de vibration
Exercice sur la lettre S

bsa gse dsi bso fsu
bsi gso dsu bsa fse
bsu gsa dse bsi fso

bse gsi bso bsu fsa
bso gsu dsa bse fsi

bra gre dri bro fru
bri gro dru bra fre
bru gra dre bri fro

bre gri dro bru fra
bro gru dra bre fri

csa jse lsi mso nsu
csi jso lsu msa nse
csu jsa lse msi nso

cse jsi lso msu nsa
cso jsu lsa mse nsi

Exercice d'articulation. — Exercice de vibration

Exercice sur la lettre S *(suite)*

cra jre lri mro nru cre jri lro mru nra
cri jro lru mra nre cro jru lra mre nri
cru jra lre mri nro

Comme l'exercice de la seizième leçon.

Exercice de voix

Une gamme descendante et sur la dernière note

l'exercice ———

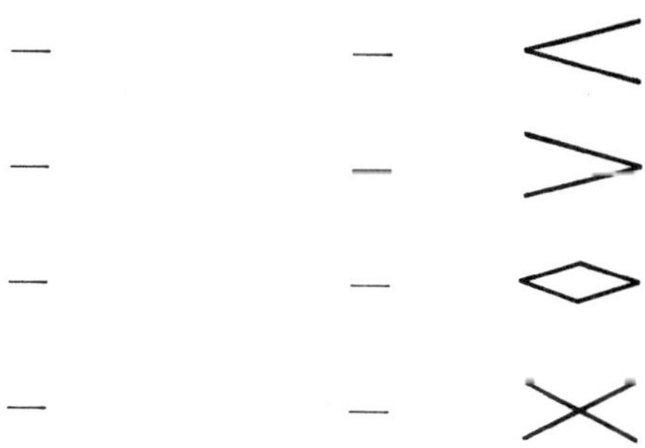

Exercice de rire

ha ha ha ha ha ha ha ha
he he he he he he he he
hi hi hi hi hi hi hi hi
ho ho ho ho ho ho ho ho
hu hu hu hu hu hu hu hu

Comme l'exercice de rire de la onzième leçon, mais en prenant deux respirations pour dire l'exercice de la troisième façon indiquée à la onzième leçon. Avec une attaque à *ha* et une attaque à *ho*.

DIX-NEUVIÈME LEÇON

L'exercice de voix s'exécutera de la façon suivante :

Prendre une forte respiration, attaquer de suite l'exercice en médium sur la première note de la gamme, le faire de très courte durée ; puis, sans attaque nouvelle, monter la gamme sur *ah...*, puis à la dernière note attaquer de nouveau l'exercice et le terminer avec la même respiration.

Pour l'exercice de rire, le professeur devra dès cette leçon demander à l'élève de le dire avec une physionomie gaie ; on ne quittera cet exercice que lorsqu'on sera arrivé à faire disparaître toute trace d'effort en l'exécutant.

Exercice d'articulation. — Exercice sur la lettre S
Exercice de vibration

san	*gsen*	*dsin*	*bson*	*fsun*
sen	*gsin*	*dson*	*bsun*	*fsan*
sin	*gson*	*dsun*	*bsan*	*fsen*
son	*gsun*	*dsan*	*bsen*	*fsin*
sun	*gsan*	*dsen*	*bsin*	*fson*
bran	*gren*	*drin*	*bron*	*frun*
bren	*grin*	*dron*	*brun*	*fran*
brin	*gron*	*drun*	*bran*	*fren*
bron	*grun*	*dran*	*bren*	*frin*
brun	*gran*	*dren*	*brin*	*fron*

Exercice d'articulation. — Exercice sur la lettre S

Exercice de vibration *(suite)*

csan	*jsen*	*lsin*	*mson*	*nsun*
csen	*jsin*	*lson*	*msun*	*nsan*
csin	*json*	*lsun*	*msan*	*nsen*
cson	*jsun*	*lsan*	*msen*	*nsin*
csun	*jsan*	*lsen*	*msin*	*nson*
cran	*jren*	*lrin*	*mron*	*nrun*
cren	*jrin*	*lron*	*mrun*	*nran*
crin	*jron*	*lrun*	*mran*	*nren*
cron	*jrun*	*lran*	*mren*	*nrin*
crun	*jran*	*lren*	*mrin*	*nron*

Comme l'exercice de la dix-septième leçon.

Exercice de voix

Exercice ——— à la première note de la gamme, la gamme montante, puis : ——— l'exercice à la dernière note

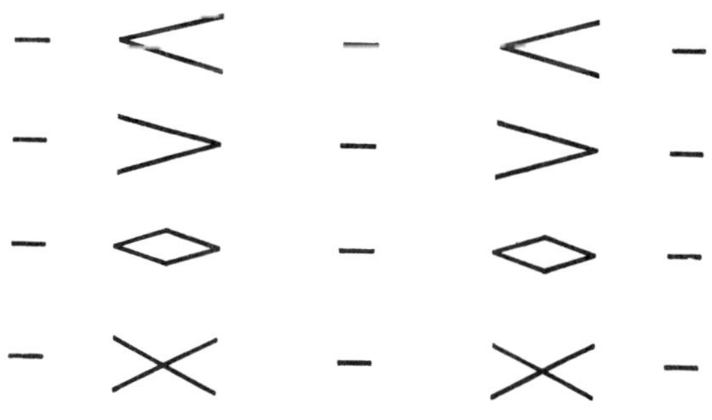

Exercice de rire

han	*han*	*han*	*han*
hen	*hen*	*hen*	*hen*
hin	*hin*	*hin*	*hin*
hon	*hon*	*hon*	*hon*
hun	*hun*	*hun*	*hun*

Comme l'exercice de la onzième leçon.

VINGTIÈME LEÇON

L'exercice d'articulation de cette leçon, ainsi que ceux des 21ᵉ, 22ᵉ et 28ᵉ leçons, a pour but de corriger le défaut de prononciation qu'on explique en disant que les *l*, les *s*, les *c* et les *x* crachent.

On prononce *klsiel* au lieu de *ciel*,
eklsempkle au lieu *d'exemple*,
riklse au lieu de *rixe*.

Ce vice vient d'une paresse de la lèvre, ou le plus souvent d'un manque de dent à droite ou à gauche de la mâchoire inférieure.

Les deux consonnes *k* et *l* viennent se mettre devant l'*s*, le *c* ou l'*x* ; et le *k* seulement devant l'*l*, comme je l'ai montré ci-dessus.

L'explication donnée à la dernière leçon pour l'exercice de voix est la même pour celui-ci, la gamme est descendante, au lieu d'être montante.

Exercice d'articulation

mla	*tla*	*mla*	*mla*	*tla*	*mlat*	*mla*
mle	*tle*	*mle*	*mle*	*tle*	*mlet*	*mle*
mli	*tli*	*mli*	*mli*	*tli*	*mlit*	*mli*
mlo	*tlo*	*mlo*	*mlo*	*tlo*	*mlot*	*mlo*
mlu	*tlu*	*mlu*	*mlu*	*tlu*	*mlut*	*mlu*

Exercice d'articulation *(suite)*

mlan	*tlan*	*mlan*	*mlan*	*tlan*	*mlant*	*mlan*
mlen	*tlen*	*mlen*	*mlen*	*tlen*	*mlent*	*mlen*
mlin	*tlin*	*mlin*	*mlin*	*tlin*	*mlint*	*mlin*
mlon	*tlon*	*mlon*	*mlon*	*tlon*	*mlont*	*mlon*
mlun	*tlun*	*mlun*	*mlun*	*tlun*	*mlunt*	*mlun*

Comme *ma ta ma*, etc. (Voir troisième leçon.)

Exercice sur une difficulté de prononciation

Un ange qui songeait à changer son visage pour donner le change, se vit si changé, que loin de louanger ce changement, il jugea que tous les autres anges jureraient que jamais ange ainsi changé ne rechangerait jamais, et jamais plus ange ne songea à se changer.

Apprendre la phrase.
La dire une fois très lentement.
Puis une fois vite en une respiration.

Exercice de voix

Exercice ——— à la première note de la gamme, la gamme descendante, puis : ——— l'exercice à la dernière note

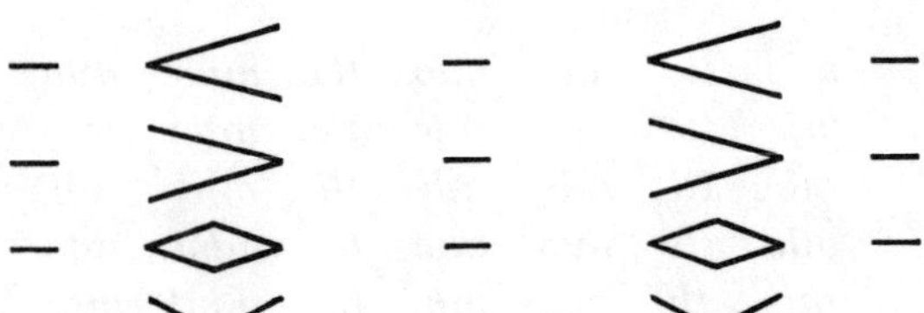

VINGT ET UNIÈME ET VINGT-DEUXIÈME LEÇONS

Les élèves qui ont le blèsement ou le sifflement de l'*s* à corriger, feront d'abord l'exercice d'articulation de la vingt et unième leçon :

msla tsla msla msla tsla mslat msla

En remplaçant les *s* par des *z*, exemple :

mzla tzla mzla mzla tzla mzlat mzla

Puis ensuite comme il est marqué.

Dans l'exercice d'articulation de la vingt-deuxième leçon, l'élève a une tendance à déplacer l'*r* dans *mrla trla,* etc., et à dire *rmla rtla* ; le professeur ne laissera pas passer cette faute.

Dans la phrase : « Un ange qui songeait, etc. », l'élève devra s'écouter attentivement, car il lui arrivera très souvent de dire : Un ange qui *ch*ongeait à *s*anger de visage, etc., et cela sans s'en apercevoir.

VINGT ET UNIÈME LEÇON

Exercice d'articulation. — Exercice sur la lettre S

msla	*tsla*	*msla*	*msla*	*tsla*	*mslat*	*msla*
msle	—	—	—	—	—	—
msli	—	—	—	—	—	—
mslo	—	—	—	—	—	—
mslu	—	—	—	—	—	—

Exercice d'articulation. — Exercice sur la lettre S
(suite)

mslan	*tslan*	*mslan*	*mslan*	*tslan*	*mslant*	*mslan*
mslen	—	—	—	—	—	—
mslin	—	—	—	—	—	—
mslon	—	—	—	—	—	—
mslun	—	—	—	—	—	—

Comme l'exercice de la vingtième leçon.

Exercice de vibration

Grand doreur quand redoreras-tu, etc. (Voir la seizième leçon.)

Une fois très fort en une respiration.

Une fois très faible en une respiration.

Exercice de rire

han	*han*	*han*	*han*	*han*	*han*
hen	—	—	—	—	—
hin	—	—	—	—	—
hon	—	—	—	—	—
hun	—	—	—	—	—

han	*han*	*han*	*han*	*han*	*han*	*han*	*han*
hen	—	—	—	—	—	—	—
hin	—	—	—	—	—	—	—
hon	—	—	—	—	—	—	—
hun	—	—	—	—	—	—	—

Comme les exercices des quinzième et dix-huitième leçons.

VINGT-DEUXIÈME LEÇON

Exercice d'articulation. — Exercice de vibration

mrla	*trla*	*mrla*	*mrla*	*trla*	*mrlat*	*mrla*
mrle	—	—	—	—	—	—
mrli	—	—	—	—	—	—
mrlo	—	—	—	—	—	—
mrlu	—	—	—	—	—	—

mrlan	*trlan*	*mrlan*	*mrlan*	*trlan*	*mrlant*	*mrlan*
mrlen	—	—	—	—	—	—
mrlin	—	—	—	—	—	—
mrlon	—	—	—	—	—	—
mrlun	—	—	—	—	—	—

Comme l'exercice de la vingtième leçon.

Exercice sur la lettre S

Ciel si ceci se sait, etc.
L'assassin, etc.

Cinq fois en une respiration.

Exercice sur une difficulté de prononciation

Un ange qui songeait, etc. (Voir la vingtième leçon.)

Deux fois la phrase en une respiration.

VINGT-TROISIÈME, VINGT-QUATRIÈME ET VINGT-CINQUIÈME LEÇONS

Les exercices d'articulation de ces trois leçons sont donnés dans le but de combattre la *mollesse* d'articulation, on devra s'y arrêter longtemps et ne les quitter qu'après les avoir exécutés régulièrement et sans arrêt.

Les cinq syllabes groupées : *ba ba ba ba ba* doivent se dire dans un seul élan. On attaquera le premier *ba* et l'on continuera comme si ce même *ba* rebondissait quatre fois. On s'arrêtera une seconde pour attaquer et exécuter de même *be be be be be,* et ainsi de suite.

Même indication pour *bsa bsa bsa bsa bsa* et pour *bra bra bra bra bra.*

Eviter de faire un groupe de cinq syllabes, puis un de six, puis un de quatre seulement ; l'exercice doit être régulièrement coupé toutes les cinq syllabes.

On ne devra commencer les exercices de rire contenus dans ces trois leçons qu'après avoir bien réglé les intervalles des sons indiqués.

VINGT-TROISIÈME LEÇON

Exercice d'articulation

bababababa	bebebebebe	bibibibibi	bobobobobo	bubububububu
cacacacaca	—	—	—	—
dadadadada	—	—	—	—
fafafafafa	—	—	—	—
gagagagaga	—	—	—	—
jajajajaja	—	—	—	—

Exercice d'articulation *(suite)*

lalalalala	lelelelele	lilililili	lololololo	lululululu
mamamamama	—	—	—	—
nanananana	—	—	—	—
papapapapa	—	—	—	—
rarararara	—	—	—	—
sasasasasa	—	—	—	—
tatatatata	—	—	—	—
vavavavava	—	—	—	—
xaxaxaxaxa	—	—	—	—
zazazazaza	—	—	—	—

banbanbanbanban benbenbenbenben binbinbinbinbin

bonbonbonbonbon bunbunbunbunbun

cancancancancan cencencencencen, etc

dandandandandan, etc.

Toutes les consonnes de même.

Très vite chaque exercice, en accentuant l'attaque de la première syllabe des cinq syllabes liées, et très régulièrement.

Exercice sur la lettre S

Ciel si c'est cinq sous, etc.
Cinq fois en une respiration.

Exercice de vibration

Dis-moi gros gras, etc., deux fois.
Grand doreur, etc., une fois.
} Une respiration.

VINGT-QUATRIÈME LEÇON

Exercice d'articulation. — Exercice sur la lettre S

bsabsabsabsabsa	bsebsebsebsebse	bsibsibsibsibsi	bsobsobsobsobso	bsubsubsubsubsu
csacsacsacsacsa	—	—	—	—
dsadsadsadsadsa	—	—	—	—
fsafsafsafsafsa	—	—	—	—
gsagsagsagsagsa	—	—	—	—
jsajsajsajsajsa	—	—	—	—
lsalsalsalsalsa	—	—	—	—
msamsamsamsamsa	—	—	—	—
nsansansansansa	—	—	—	—
psapsapsapsapsa	—	—	—	—
rsarsarsarsarsa	—	—	—	—
tsatsatsatsatsa	—	—	—	—
vsavsavsavsavsa	—	—	—	—

bsanbsanbsanbsanbsan bsenbsenbsenbsenbsen bsinbsinbsinbsinbsin

bsonbsonbsonbsonbson bsunbsunbsunbsunbsun

csancsancsancsancsan, etc., etc.

Toutes les consonnes comme ci-dessus, de même que l'exercice d'articulation de la vingt-troisième leçon.

Exercice de voix

——— l'exercice à la première note ; puis la gamme descendante et ——— l'exercice sur la dernière note.

De même pour les quatre exercices suivants.

Exercice de rire

ha	*ha*	*ha*	*ha*	—	Voix grave.
he	*he*	*he*	*he*	—	Voix haute.
hi	*hi*	*hi*	*hi*	—	Médium.
ho	*ho*	*ho*	*ho*	—	Très grave.
hu	*hu*	*hu*	*hu*	—	Voix très haute.

Comme l'exercice de la onzième leçon.

VINGT-CINQUIÈME LEÇON

Exercice d'articulation. — Exercice sur la lettre R

brabrabrabrabra	brebrebrebrebre	bribribribribri	brobrobrobrobro	brubrubrubrubru
cracracracracra	—	—	—	—
dradradradradra	—	—	—	—
frafrafrafrafra	—	—	—	—
gragragragragra	—	—	—	—
jrajrajrajrajra	—	—	—	—
lralralralralra	—	—	—	—
mramramramramra	—	—	—	—
nranranranranra	—	—	—	—
prapraprapraprra	—	—	—	—
srasrasrasrasra	—	—	—	—
tratratratratra	—	—	—	—
vravravravravra	—	—	—	—
xraxraxraxraxra	—	—	—	—
zrazrazrazrazra	—	—	—	—
branbranbranbranbran, etc.				
crancrancrancrancran, etc.				

Toutes les consonnes ci-dessus comme l'exercice de la vingt-troisième leçon.

Exercice de voix

L'exercice $\frac{1^{er}\text{ exercice.}}{}$ sur la première note de la gamme, continuer la gamme descendante, puis la gamme montante, en finissant par $\frac{1^{er}\text{ exercice.}}{}$ l'exercice sur la dernière note.

De même pour les quatre autres exercices.

Exercice de rire

6 *ha* —	8 *ha* —	Voix haute.
6 *he* —	8 *he* —	Voix très grave.
6 *hi* —	8 *hi* —	Médium.
6 *ho* —	8 *ho* —	Voix très haute.
↓ 6 *hu* —	↓ 8 *hu* —	Voix grave.

Comme l'exercice de la onzième leçon.

VINGT-SIXIÈME, VINGT-SEPTIÈME ET VINGT-HUITIÈME LEÇONS

L'exercice sur la lettre *x* : *Le fisc fixe exprès,* etc., est utile comme travail pour tous les élèves, mais il est indispensable que les élèves dont la prononciation crache (voir vingtième leçon), s'y arrêtent longtemps.

Une des fautes les plus générales aux élèves dans cet exercice est de dire : Le fi*x*e fixe, au lieu de : — le fi*sc* fixe, et plus loin : *es*quis au lieu d'*ex*quis.

A la moindre faute de ce genre, s'arrêter et recommencer l'exercice.

Pour l'exercice de voix de la vingt-sixième leçon :

Attaquer le premier exercice sur la première note de la gamme, le tenir jusqu'à la fin de la respiration ; attaquer ce même premier exercice sur la deuxième note de la gamme, et le tenir jusqu'à la fin de la respiration ; attaquer et tenir de même ce premier exercice sur *mi fa sol la si* et *do.*

Recommencer ainsi cette gamme avec le deuxième exercice à chaque note, puis avec les troisième, quatrième et cinquième exercices de voix.

VINGT-SIXIÈME LEÇON

Exercice d'articulation. — Exercice sur la lettre S

Exercice de vibration

sbrabre *sbracre* *sbradre* *sbrafre* *sbragre*
sbrajre *sbralre* *sbramre* *sbranre* *sbrapre*
sbrare *sbrasre* *sbratre* *sbravre* *sbraxre*
sbrazre

Exercice d'articulation. — Exercice sur la lettre S
Exercice de vibration *(suite)*

sbrebre, etc.
sbribre, etc.
sbrobre, etc.
sbrubre, etc.

} De même que l'exercice ci-dessus.

Comme l'exercice de la douzième leçon : *babre bacre,* etc.

Exercice sur les lettres S et X

Le fisc fixe exprès chaque taxe fixe excessive exclusivement au luxe et à l'exquis.

Une fois très lentement.
Deux fois très vite en une respiration.

Exercice de voix

Chaque exercice avec toutes les notes d'une gamme montante.
Chaque exercice fort et jusqu'au bout de la respiration.

VINGT-SEPTIÈME LEÇON

Exercice d'articulation. — Exercice de vibration
Exercice sur la lettre S

sbranbre sbrancre sbrandre sbranfre sbrangre
sbranjre sbranlre sbranmre sbrannre sbranpre
sbranre sbransre sbrantre sbranvre sbranxre
sbranzre

sbrenbre, etc.
sbrinbre, etc.
sbronbre, etc.
sbrunbre, etc.

} De même que l'exercice ci-dessus.

Comme l'exercice de la treizième leçon : *banbre bancre*, etc.

Exercice sur les lettres S et X

Le fisc fixe exprès, etc. (Voir la vingt-sixième leçon.)

Une fois très lentement.

Trois fois très vite en une respiration.

Exercice de voix

Chaque exercice à toutes les notes d'une gamme descendante.

Fort et jusqu'au bout de la respiration.

VINGT-HUITIÈME LEÇON

Exercice d'articulation. — Exercice sur la lettre S
Exercice de vibration

msrla	*tsrla*	*msrla*	*msrla*	*tsrla*	*msrlat*	*msrla*
msrle	*tsrle*	*msrle*	*msrle*	*tsrle*	*msrlet*	*msrle*
msrli	—	—	—	—	—	—
msrlo	—	—	—	—	—	—
msrlu	—	—	—	—	—	—

Exercice d'articulation. — Exercice sur la lettre S
Exercice de vibration

msrlan	*tsrlan*	*msrlan*	*msrlan*	*tsrlan*	*msrlant*	*msrlan*
msrlen	—	—	—	—	—	—
msrlin	—	—	—	—	—	—
msrlon	—	—	—	—	—	—
msrlun	—	—	—	—	—	—

Comme *ma ta ma,* etc. (Voir la troisième leçon.)

Exercice d'intonation

Donner cinq sens différents à la phrase : *Ah ! voilà un chien.*

1. *Ah ! voilà un chien.* — Avec terreur.
2. — — Avec joie.
3. — — Avec dégoût.
4. — — Avec mépris.
5. — — Avec pitié.

Exercice sur une difficulté de prononciation

Un ange qui songeait, etc. (Voir la vingt-quatrième leçon.)

Trois fois en une respiration.

VINGT-NEUVIÈME, TRENTIÈME, TRENTE ET UNIÈME, TRENTE-DEUXIÈME ET TRENTE-TROISIÈME LEÇONS

Jusqu'ici nous n'avons formé les exercices que sur des combinaisons portant sur les cinq voyelles simples *a e i o u* ; dans les cinq leçons suivantes nous exerçons la prononciation et l'articulation sur les trois voyelles composées *ai eu ou*.

L'exercice de la vingt-huitième leçon sur : « Ah ! voilà un chien », a pour but d'habituer l'élève à la variété de l'expression.

En effet, ces quatre mots peuvent exprimer cent sentiments différents, tout dépend de l'intonation qu'on leur donnera.

Le professeur pourra proposer toute autre phrase à l'élève.

L'exercice de voix de la trente et unième leçon s'exécutera de la façon suivante :

Attaquer le premier exercice, le finir avec la moitié de la respiration prise ; attaquer ce même premier exercice une octave plus haut, et le finir avec le reste de sa respiration ; de même pour les quatre exercices suivants.

L'exercice de la trente-deuxième leçon, avec une disposition différente, s'exécute de même.

VINGT-NEUVIÈME LEÇON

Exercice d'articulation

bai	*beu*	*bou*	*biai*	*bieu*	*biou*
cai	*ceu*	*cou*	*ciai*	*cieu*	*ciou*
dai	—	—	—	—	—
fai	—	—	—	—	—
gai	—	—	—	—	—
jai	—	—	—	—	—
lai	—	—	—	—	—
mai	—	—	—	—	—
nai	—	—	—	—	—
pai	—	—	—	—	—
rai	—	—	—	—	—
sai	—	—	—	—	—
tai	—	—	—	—	—
vai	—	—	—	—	—
xai	—	—	—	—	—
zai	—	—	—	—	—

Comme *ba be bi bo bu,* etc. (Voir la première leçon.)

Exercice d'intonation

Dire la phrase : *Ah ! voilà un chien,* avec les cinq intonations suivantes :

1. *Ah ! voilà un chien.* — Sauvons-nous !
2. — — Approchons !
3. — — Ce n'est pas sûr.

4. *Ah ! voilà un chien.* — Qui ne vivra pas vieux.
5. — — Qui n'est pas malheureux !

Exercice sur les lettres S et X

Le fisc fixe exprès, etc.
Quatre fois en une respiration.

TRENTIÈME LEÇON

Exercice d'articulation. — Exercice sur la lettre S
Exercice de vibration

bsai	*bseu*	*bsou*	*bsiai*	*bsieu*	*bsiou*
brai	*breu*	*brou*	*briai*	*brieu*	*briou*
csai	—	—	—	—	—
crai	—	—	—	—	—
dsai	—	—	—	—	—
drai	—	—	—	—	—
fsai	—	—	—	—	—
frai	—	—	—	—	—
gsai	—	—	—	—	—
grai	—	—	—	—	—
jsai	—	—	—	—	—
jrai	—	—	—	—	—
lsai	—	—	—	—	—
lrai	—	—	—	—	—
msai	—	—	—	—	—
mrai	—	—	—	—	—
nsai	—	—	—	—	—
nrai	—	—	—	—	—
psai	—	—	—	—	—
prai	—	—	—	—	—
rsai	—	—	—	—	—
srai	—	—	—	—	—
tsai	—	—	—	—	—
trai	—	—	—	—	—
vsai	—	—	—	—	—
vrai	—	—	—	—	—
xrai	—	—	—	—	—
zrai	—	—	—	—	—

Chaque ligne une fois lentement et fort.
Une fois vite.
Puis tout l'exercice en respirant à volonté.

Exercice d'intonation

Trouver cinq sens différents à la phrase : *Ah ! voilà un chien.*

Exercice de respiration

Ciel si ceci, etc.
L'assassin, etc.
Ciel si c'est cinq sous, etc.
Le fisc fixe, etc.

Les quatre phrases en une respiration.

TRENTE ET UNIÈME LEÇON

Exercice d'articulation. — Exercice de vibration
Exercice sur la lettre S

bsrai	*bsreu*	*bsrou*	*bsriai*	*bsrieu*	*bsriou*
brsai	*brseu*	*brsou*	*brsiai*	*brsieu*	*brsiou*
csrai	—	—	—	—	—
crsai	—	—	—	—	—
dsrai	—	—	—	—	—
drsai	—	—	—	—	—
fsrai	—	—	—	—	—
frsai	—	—	—	—	—
gsrai	—	—	—	—	—
grsai	—	—	—	—	—
jsrai	—	—	—	—	—
jrsai	—	—	—	—	—
lsrai	—	—	—	—	—
lrsai	—	—	—	—	—
msrai	—	—	—	—	—
mrsai	—	—	—	—	—
nsrai	—	—	—	—	—
nrsai	—	—	—	—	—
psrai	—	—	—	—	—
prsai	—	—	—	—	—
srai	—	—	—	—	—
rsai	—	—	—	—	—
tsrai	—	—	—	—	—
trsai	—	—	—	—	—
vsrai	—	—	—	—	—
vrsai	—	—	—	—	—

Comme l'exercice de la trentième leçon.

Exercice de rire

ha	*ha*	*ha*	*ha*	Cinq fois l'exercice entier en changeant de voix cinq fois.
he	*he*	*he*	*he*	
hi	*hi*	*hi*	*hi*	
ho	*ho*	*ho*	*ho*	
hu	*hu*	*hu*	*hu*	

Exercice de voix

L'exerc.	——	*do ;*	à l'octave,	*do*	——	L'exerc.
—	<	*ré ;*	—	*ré*	<	—
—	>	*mi ;*	—	*mi*	>	—
—	<>	*fa ;*	—	*fa*	<>	—
—	×	*sol ;*	—	*sol*	×	—

TRENTE-DEUXIÈME LEÇON

Exercice d'articulation

bai	*teu*	*bou*	*bai*	*teu*	*biout*	*biou*
cai	*teu*	*cou*	*cai*	*teu*	*ciout*	*ciou*
dai	*teu*	*dou*	*dai*	*teu*	*diout*	*diou*
fai	—	—	—	—	—	—
gai	—	—	—	—	—	—
jai	—	—	—	—	—	—
lai	—	—	—	—	—	—
mai	—	—	—	—	—	—
nai	—	—	—	—	—	—
pai	—	—	—	—	—	—
rai	—	—	—	—	—	—
sai	—	—	—	—	—	—
tai	—	—	—	—	—	—
vai	—	—	—	—	—	—
xai	—	—	—	—	—	—
zai	—	—	—	—	—	—

Comme *ba be bi bo bu.* (Voir première leçon.)

Exercice de rire

ha ha ha ha
he he he he
hi hi hi hi
ho ho ho ho
hu hu hu hu

Changer de voix à chaque ligne (Voir vingt-quatrième leçon).

De même en doublant le nombre des *ha he*, etc. (huit au lieu de quatre).

Puis de même avec seize *ha*, etc.

Puis de même avec vingt-quatre *ha*, etc., à chaque ligne.

Exercice de voix

———	sur	*do,*	puis	———	sur	*do,*	à	l'octave
———	—	*ré,*	—	———	—	*ré,*		—
———	—	*mi,*	—	———	—	*mi,*		—
———	—	*fa,*	—	———	—	*fa,*		—
———	—	*sol,*	—	———	—	*sol,*		—
———	—	*la,*	—	———	—	*la,*		—
———	—	*si,*	—	———	—	*si,*		—
———	—	*do,*	—	———	—	*do,*		—

Puis de même chacun des quatre autres exercices de voix répétés huit fois à l'octave sur une gamme montante.

TRENTE-TROISIÈME LEÇON

Exercice d'articulation. — Exercice sur la lettre S
Exercice de vibration

bsai	*tseu*	*bsou*	*bsai*	*tseu*	*bsiout*	*bsiou*
brai	*treu*	*brou*	*brai*	*treu*	*briout*	*briou*
csai	*tseu*	*csou*	*csai*	*tseu*	*csiout*	*csiou*
crai	*treu*	*crou*	*crai*	*treu*	*criout*	*criou*
dsai	—	—	—	—	—	—
drai	—	—	—	—	—	—
fsai	—	—	—	—	—	—
frai	—	—	—	—	—	—
gsai	—	—	—	—	—	—
grai	—	—	—	—	—	—
jsai	—	—	—	—	—	—
jrai	—	—	—	—	—	—
lsai	—	—	—	—	—	—
lrai	—	—	—	—	—	—
msai	—	—	—	—	—	—
mrai	—	—	—	—	—	—
nsai	—	—	—	—	—	—
nrai	—	—	—	—	—	—
psai	—	—	—	—	—	—
prai	—	—	—	—	—	—
rsai	—	—	—	—	—	—
srai	—	—	—	—	—	—
tsai	—	—	—	—	—	—
trai	—	—	—	—	—	—

Exercice d'articulation. — Exercice sur la lettre S
Exercice de vibration *(suite)*

vsai	*tseu*	*vsou*	*vsai*	*tseu*	*vsiout*	*vsiou*
vrai	*treu*	*vrou*	*vrai*	*treu*	*vriout*	*vriou*
xrai	—	—	—	—	—	—
zrai	—	—	—	—	—	—

Comme l'exercice de la trentième leçon.

Exercice de rire

ha ha ha ha ha ha ha ha
he he
hi hi hi hi hi hi
ho ho ho
hu hu hu hu hu

Très vite en une seule respiration.

DE LA TRENTE-QUATRIÈME A LA QUARANTIÈME LEÇON

Les exercices d'articulation, tout en augmentant de difficulté, se basant toujours sur les mêmes combinaisons, je n'aurai plus jusqu'à la fin de ce travail à en expliquer le mécanisme. Malgré les progrès obtenus, le professeur veillera à ce que tous ces exercices soient d'abord exécutés une fois très lentement et très fort ; il n'y a pas d'autre marche à suivre pour arriver à les dire vite ensuite.

A ce propos, je veux donner ici le conseil suivant :

Chaque fois que vous éprouverez une difficulté à dire une phrase dans un mouvement rapide, il n'y a qu'un moyen de vaincre cette difficulté, c'est de décomposer l'articulation de cette phrase syllabe par syllabe, et de prononcer chacune de ces syllabes très lentement et très fort.

TRENTE-QUATRIÈME LEÇON

Exercice d'articulation. — Exercice sur la lettre S

Exercice de vibration

mba	*mta*	*mda*	*mba*	*mta*	*mdat*	*mba*
mban	—	—	—	—	—	—
smba	—	—	—	—	—	—
smban	—	—	—	—	—	—
rmba	—	—	—	—	—	—
rmban	—	—	—	—	—	—

Exercice d'articulation. — Exercice sur la lettre S
Exercice de vibration *(suite)*

mbe	*mte*	*mde*	*mbe*	*mte*	*mdet*	*mbe*
mben	—	—	—	—	—	—
smbe	—	—	—	—	—	—
smben	—	—	—	—	—	—
rmbe	—	—	—	—	—	—
rmben	—	—	—	—	—	—
mbi	*mti*	*mdi*	*mbi*	*mti*	*mdit*	*mbi*
mbin	—	—	—	—	—	—
smbi	—	—	—	—	—	—
smbin	—	—	—	—	—	—
rmbi	—	—	—	—	—	—
rmbin	—	—	—	—	—	—
mbo	*mto*	*mdo*	*mbo*	*mto*	*mdot*	*mbo*

(de même).

mbu	*mtu*	*mdu*	*mbu*	*mtu*	*mdut*	*mbu*

(de même).

Comme *ma ta ma,* etc. (Voir troisième leçon.)

Exercice de rire

2	fois	*ho.*	—	1	fois	*ho.*	
10	—	*he.*	—	2	—	*he.*	
4	—	*hi.*	—	5	—	*hi.*	
2	—	*ho.*	—	5	—	*ho.*	
6	—	*hu.*	—	14	—	*hu.*	↓

Comme l'exercice de la trente-troisième leçon.

TRENTE-CINQUIÈME LEÇON

Exercice d'articulation. — Exercice sur la lettre S
Exercice de vibration

ma	*da*	*ga*	*ta*	*ja*	*xat*	*ma*
man	*dan*	*gan*	*tan*	*jan*	*xant*	*man*
de	*re*	*je*	*me*	*xe*	*ret*	*le*
den	—	—	—	—	—	—
pi	*ri*	*xi*	*gi*	*bi*	*dit*	*xi*
pin	—	—	—	—	—	—
xo	*po*	*ro*	*go*	*xo*	*voz*	*bo*
xon	—	—	—	—	—	—
ru	*ju*	*lu*	*mu*	*pu*	*xur*	*zu*
run	—	—	—	—	—	—
msa	*dsa*	*gsa*	*tsa*	*jsa*	*xsat*	*msa*
msan	—	—	—	—	—	—
dse	—	—	—	—	—	—
dsen	—	—	—	—	—	—
psi	—	—	—	—	—	—
psin	—	—	—	—	—	—
xso	—	—	—	—	—	—
xon	—	—	—	—	—	—
rsu	—	—	—	—	—	—
rsun	—	—	—	—	—	—
mra	*dra*	*gra*	*tra*	*jra*	*xrat*	*mra*
mran	—	—	—	—	—	—
dre	—	—	—	—	—	—
dren	—	—	—	—	—	—

Exercice d'articulation. — Exercice sur la lettre S
Exercice de vibration *(suite)*

pri	*dri*	*gri*	*tri*	*jri*	*xrit*	*mri*
prin	—	—	—	—	—	—
xro	—	—	—	—	—	—
xron	—	—	—	—	—	—
zru	—	—	—	—	—	—
zrun	—	—	—	—	—	—

Comme *ma ta ma*, etc. (Voir troisième leçon.)

Exercice de rire

Le même qu'à la trente-quatrième leçon, en changeant de voix à chaque voyelle.

Exercice de voix

Le même qu'à la trente deuxième leçon, sur une gamme *descendante* à l'octave.

TRENTE-SIXIÈME LEÇON

Exercice d'articulation

boua	*boue*	*boui*	*bouo*	*bouu*
bouan	*bouen*	*bouin*	*bouon*	*bouun*
coua	—	—	—	—
couan	—	—	—	—
doua	—	—	—	—
douan	—	—	—	—
foua	—	—	—	—
fouan	—	—	—	—
goua	—	—	—	—
gouan	—	—	—	—
joua	—	—	—	—
jouan	—	—	—	—
loua	—	—	—	—
louan	—	—	—	—
moua	—	—	—	—
mouan	—	—	—	—
noua	—	—	—	—
nouan	—	—	—	—
poua	—	—	—	—
pouan	—	—	—	—
roua	—	—	—	—
rouan	—	—	—	—
soua	—	—	—	—
souan	—	—	—	—
toua	—	—	—	—
touan	—	—	—	—

Exercice d'articulation *(suite)*

voua	*voue*	*voui*	*vouo*	*vouu*
vouan	*vouen*	*vouin*	*vouon*	*vouun*
xoua	—	—	—	—
xouan	—	—	—	—
zoua	—	—	—	—
zouan	—	—	—	—

Comme *ba be bi bo bu.* (Voir première leçon.)

Exercice de rire

16 *ha*	bas et faible,	puis	16 *ha*	haut et fort.
16 *he*	—	—	16 *he*	—
16 *hi*	—	—	16 *hi*	—
16 *ho*	—	—	16 *ho*	—
16 *hu*	—	—	16 *hu*	—

Exercice de vibration

Très grand doreur quand redoreras-tu sûrement et d'un goût rare mes trente trois mille trois cent trent-trois ou trente-trois mille trois cent trente-quatre très grandes cuillers d'or trop argentées ? Je redorerai sûrement et d'un goût rare tes trente-trois mille trois cent trente-trois ou trente-trois mille trois cent trente-quatre très grandes cuillers d'or trop argentées, quand j'aurai redoré sûrement et d'un goût rare les trois cent trente-trois mille trois cent trente-trois ou trois cent trente-trois mille trois cent trente-quatre autres très grandes cuillers d'or trop argentées.

Comme l'exercice de la seizième leçon.

Exercice de voix

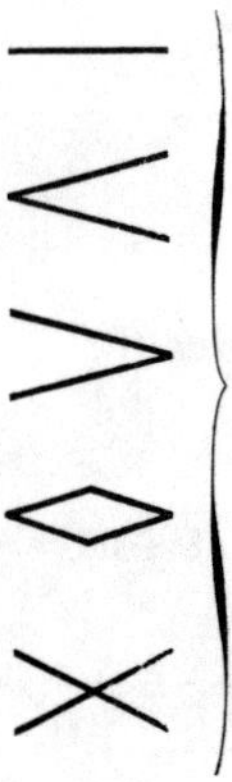

En donnant une intonation parlée à chaque exercice.

TRENTE-SEPTIÈME LEÇON

Exercice d'articulation. — Exercice sur la lettre S

Exercice de vibration

bsoua	*bsoue*	*bsoui*	*bsouo*	*bsouu*
csoua	*csoue*	*csoui*	*csouo*	*csouu*
dsoua	*dsoue*	*dsoui*	*dsouo*	*dsouu*

puis, de même :

bsouan	*bsouen*	*bsouin*	*bsouon*	*bsouun*
broua	*broue*	*broui*	*brouo*	*brouu*
brouan	*brouen*	*brouin*	*brouon*	*brouun*

Toutes les consonnes de même. (Voir trente-sixième leçon.)

Exercice de voix. — Intonations parlées

Ah !

Dire après : —— *Vous croyez ?*

—  *Je ne vous crois pas.*

—  *C'est trop fort !*

—  *Vous m'en direz tant !*

—  *Dieu ! que c'est beau !*

Exercice sur une difficulté de prononciation

Ces cent six sachets si chers qu'Alix à Nice exprès, tout en le sachant, chez Chasachax choisit, sont si cher chaque, si cher ! qu'ils charment peu.

Une fois très lentement et très fort.

Trois fois vite en une respiration.

TRENTE-HUITIÈME LEÇON

Exercice d'articulation

fbabra	*fbabre*	*fbabri*	*fbabro*	*fbabru*
gbebra	*gbebre*	*gbebri*	*gbebro*	*gbebru*
xbibra	*xbibre*	*xbibri*	*xbibro*	*xbibru*
tbobra	*tbobre*	*tbobri*	*tbobro*	*tbubru*
vbubra	*vbubre*	*vbubri*	*vbubro*	*vbubru*

De même :

fbanbran *fbenbren,* etc.
gbenbran, etc.
xbinbran, etc.
tbonbran, etc.
vbunbran, etc.

Une fois chaque exercice très lentement.
Une fois chaque exercice en une respiration.
Une fois les deux exercices en une respiration.

Exercice sur une difficulté d'articulation

Ces cent six sachets, etc. (Voir trente-septième leçon.)

Quatre fois en une respiration.

Exercice de rire

L'exercice de la onzième leçon répété sept fois à sept intervalles de voix différents, en montant et en descendant.

TRENTE-NEUVIÈME LEÇON

Exercice d'articulation. — Exercice sur la lettre S
Exercice de vibration

fbabsa *fbabse* *fbabsi* *fbabso* *fbabsu*

De même pour tous les exercices. (Voir trente-huitième leçon.)

fbrabsra *fbrabsre* *fbrabsri*, etc.

De même pour tous les exercices. (Voir trente-huitième leçon.)

Exercice de voix

Les exercices avec l'intonation parlée :
Une fois très fort.
Une fois très faible.

Exercice d'assouplissement et de respiration

Ciel si ceci se sait, etc.
L'assassin, etc.
Ciel si c'est cinq sous, etc. } En une respiration.
Le fisc fixe exprès, etc.
Ces cent six sachets, etc.

Exercice de respiration

Dis-moi gros gras, etc.
Un ange qui songeait, etc. } En une respiration.
Très grand doreur, etc.

Exercice de rire

ma ta ma ma ta mat ma, etc.

(Voir troisième leçon.)

En riant d'abord doucement ; puis, par progression, arriver à rire aux éclats à la fin de l'exercice.

QUARANTIÈME LEÇON

Exercice d'articulation. — Exercice de vibration
Exercice sur la lettre S

armt	*ermt*	*irmt*	*ormt*	*urmt*
larmt	*lermt*	*lirmt*	*lormt*	*lurmt*
xlarmt	*xlermt*	*xlirmt*	*xlormt*	*xlurmt*
fxlarmt	*fxlermt*	*fxlirmt*	*fxlormt*	*fxlurmt*
armst	*ermst*	*irmst*	*ormst*	*urmst*
larmst	—	—	—	—
xlarmst	—	—	—	—
fxlarmst	—	—	—	—
anrmt	*enrmt*	*inrmt*	*onrmt*	*unrmt*
lanrmt	—	—	—	—
xlanrmt	—	—	—	—
fxlanrmt	—	—	—	—
anrmst	*enrmst*	*inrmst*	*onrmst*	*unrmst*
lanrmst	—		—	—
xlanrmst	—	—	—	—
fxlanrmst	—	—	—	—

Exercice de voix

Les cinq exercices (intonation parlée, voir trente-septième leçon) :

Une fois en comique (voix haute).

Une fois en amoureux (médium).

Une fois en tragédien (voix grave).

DE LA QUARANTE ET UNIÈME
A LA CINQUANTIÈME LEÇON

Ces dix dernières leçons ont pour but d'amener l'élève à gesticuler avec souplesse et facilité.

Le professeur pourra les faire commencer aussitôt qu'il le jugera utile, mais en observant de ne faire quitter le premier exercice de geste, que lorsque l'on aura dépassé l'exercice d'articulation qui le complète.

QUARANTE ET UNIÈME LEÇON

Exercice d'articulation et de gestes

ba	*be*	*bi*	*bo*	*bu*	Lever le bras droit.
ban	*ben*	*bin*	*bon*	*bun*	
ca	*ce*	*ci*	*co*	*cu*	Lever le bras gauche.
can	*cen*	*cin*	*con*	*cun*	
da	*de*	*di*	*do*	*du*	Etendre les deux bras en avant.
dan	*den*	*din*	*don*	*dun*	
fa	*fe*	*fi*	*fo*	*fu*	Ramener le bras gauche vers la poitrine.
fan	*fen*	*fin*	*fon*	*fun*	
ga	*ge*	*gi*	*go*	*gu*	Abaisser le bras droit le long du corps.
gan	*gen*	*gin*	*gon*	*gun*	
ja	*je*	*ji*	*jo*	*ju*	Joindre les mains à gauche de la tête.
jan	*jen*	*jin*	*jon*	*jun*	

Exercice d'articulation et de gestes *(suite)*

la le li lo lu *lan len lin lon lun*	Indiquer de l'index de la main droite un objet placé devant soi et en bas.
ma me mi mo mu *man men min mon mun*	Etendre le bras droit dans une direction oblique, rabaisser le bras gauche.
na ne ni no nu *nan nen nin non nun*	Ramener le bras droit le long du corps, plier le bras gauche, la main sur la hanche.
pa pe pi po pu *pan pen pin pon pun*	Se croiser les bras.
ra re ri ro ru *ran ren rin ron run*	Etendre les bras en croix.
sa se si so su *san sen sin son sun*	Se frapper la poitrine avec la main droite, ramener le bras gauche au corps.
ta te ti to tu *tan ten tin ton tun*	Se prendre la tête avec les mains.
va ve vi vo vu *van ven vin von vun*	Lancer les mains en avant dans un geste d'horreur.
xa xe xi xo xu *xan xen xin xon xun*	Porter la main droite à la gauche de la ceinture, ramener le bras gauche.
za ze zi zo zu *zan zen zin zon zun*	Tirer une épée imaginaire, lancer le bras gauche en arrière.

Que chaque geste soit fait bien en même temps que l'exercice d'articulation en regard.

QUARANTE-DEUXIÈME LEÇON

Exercice d'articulation et de gestes

Les mêmes exercices qu'à la quarante et unième leçon, en remplaçant :

ba *be* *bi* *bo* *bu*
ban, etc.

par :

bsa *bse* *bsi* *bso* *bsu*
bsan *bsen* *bsin* *bson* *bsun*
csa — — — —
csan, etc.

Tout l'exercice une fois très doux, les gestes très gracieux.

Tout l'exercice une fois très fort, les gestes furieux.

QUARANTE-TROISIÈME LEÇON

Exercice d'articulation et de gestes

Mêmes gestes qu'à la quarantième et quarante et unième leçon, avec :

bra bre bri bro bru
bran bren brin bron brun
cra — — — —
cran, etc.

Puis tout l'exercice réglé de la façon suivante :

ba	*be*	*bi*	*bo*	*bu*	Très lentement.
ca	*ce*	*ci*	*co*	*cu*	
da	*de*	*di*	*do*	*du*	
fa	*fe*	*fi*	*fo*	*fu*	
ga	*ge*	*gi*	*go*	*gu*	Lentement.
ja	*je*	*ji*	*jo*	*ju*	
la	*le*	*li*	*lo*	*lu*	
ma	*me*	*mi*	*mo*	*mu*	
na	*ne*	*ni*	*no*	*nu*	Vite.
pa	*pe*	*pi*	*po*	*pu*	
ra	*re*	*ri*	*ro*	*ru*	
sa	*se*	*si*	*so*	*su*	
ta	*te*	*ti*	*to*	*tu*	Très vite.
va	*ve*	*vi*	*vo*	*vu*	
xa	*xe*	*xi*	*xo*	*xu*	
za	*ze*	*zi*	*zo*	*zu*	

Et réciproquement.

QUARANTE-QUATRIÈME LEÇON

Exercice d'articulation et de gestes

Chercher de nouveaux gestes en regard de :

ba *be* *bi* *bo* *bu*
ban, etc.

comme à la quarantième leçon.

Puis placer ces nouveaux gestes en regard de :

brla	*brle*	*brli*	*brlo*	*brlu*
brlan	*brlen*	*brlin*	*brlon*	*brlun*
crla	—	—	—	—
crlan, etc.				

Puis faire tout l'exercice une fois gaiement ;
Ensuite une fois tristement.

QUARANTE-CINQUIÈME LEÇON

Exercice d'articulation et de gestes

Les gestes de la quarantième leçon, puis ceux de la quarante-quatrième leçon, sur :

bsrla	*bsrle*	*bsrli*	*bsrlo*	*bsrlu*	Gestes.
bsrlan	*bsrlen*	*bsrlin*	*bsrlon*	*bsrlun*	
csrla	*csrle*	*csrli*	*csrlo*	*csrlu*	Gestes.
csrlan	*csrlen*	*csrlin*	*csrlon*	*csrlun*	

dsrla, etc.

En marchant.

QUARANTE-SIXIÈME LEÇON

Exercice d'articulation et de gestes

Les mêmes gestes qu'à la quarantième leçon, d'abord ; puis les mêmes qu'à la quarante-quatrième leçon : en marchant, s'asseyant, se relevant, à genoux, etc., à volonté, sur :

bambambam	*bembembem*	*bimbimbim*	*bombombom*	*bumbumbum*
capcapcap	—	—	—	—
dagdagdag	—	—	—	—

faxfaxfax, etc. (voir neuvième leçon).

QUARANTE-SEPTIÈME LEÇON

Exercice de physionomie

Les yeux, la tête droite, immobile :

ma ta ma	*ma ta mat*	*ma*	Regarder
man tan man	*man tan mant*	*man*	en face.
me te me	*me te met*	*me*	Regarder
men ten men	*men ten ment*	*men*	à droite.
mi ti mi	*mi ti mit*	*mi*	Regarder
min tin min	*min tin mint*	*min*	à gauche.
mo to mo	*mo to mot*	*mo*	Regarder
mon ton mon	*mon ton mont*	*mon*	en bas.
mu tu mu	*mu tu mut*	*mu*	Regarder
mun tun mun	*mun tun munt*	*mun*	en l'air.

Une fois l'exercice, le sourcil normal.
Une fois l'exercice, le sourcil relevé.
Une fois l'exercice, le sourcil froncé.

QUARANTE-HUITIÈME LEÇON

Exercice d'articulation. — Exercice de gestes
Exercice de physionomie

ba	*be*	*bi*	*bo*	*bu*	Dire très vite l'exercice entier en une respiration, sur chacun des gestes de la quarante et unième leçon, en changeant l'expression des yeux à chaque geste.
ca	—	—	—	—	
da	—	—	—	—	
fa	—	—	—	—	
ga	—	—	—	—	
ja	—	—	—	—	
la	—	—	—	—	
ma	—	—	—	—	
na	—	—	—	—	
pa	—	—	—	—	
ra	—	—	—	—	
sa	—	—	—	—	
ta	—	—	—	—	
va	—	—	—	—	
xa	—	—	—	—	
za	—	—	—	—	

QUARANTE-NEUVIÈME LEÇON

Exercice d'articulation. — Exercice de gestes Exercice de physionomie

Les gestes de la quarante et unième leçon sur :

bsambsambsam	*bsembsembsem*, etc.
csapcsapcsap	*csepcsepcsep*, etc.
dsagdsagdsag, etc	

b. *c.* *d.* *f.*	En pleurant.	*g.* *j.* *l.* *m.*	Tristement.
n. *p.* *r.* *s.*	Gaiement.	*t.* *v.* *x.* *z.*	Riant aux éclats.

CINQUANTIÈME LEÇON

Exercice d'articulation. — Exercice de gestes Exercice de physionomie

ENSEMBLE :

mrla trla mrla mrla trla mrlat mrla mrlan — — — — — —	Lever le bras droit. — Yeux devant soi. — Sourcil normal. — Marcher à droite. — Tristement.
mrle trle mrle mrle trle mrlet mrle mrlen — — — — — —	Se frapper la poitrine. — Se mettre à genoux. — Yeux au ciel. — Sourcil normal. — Très tristement.
mrli trli mrli mrli trli mrlit mrli mrlin — — — — — —	Lancer les deux bras en avant. — Le corps en arrière. — Les yeux fixes. — Le sourcil relevé. — Avec effroi.
mrlo trlo mrlo mrlo trlo mrlot mrlo mrlon — — — — — —	Mettre les deux poings sur les hanches. — Se relever. — Les yeux à droite. — Sourcil froncé. — Gaîment.
mrlu trlu mrlu mrlu trlu mrlut mrlu mrlun — — — — — —	Ouvrir les bras en croix. — Deux pas en arrière. — Fermer les yeux. — Très gaîment.

FIN

TABLE ANALYTIQUE

Les exercices d'articulation sont gradués dans les cinquante leçons.

Les exercices sur la lettre **S** *sont gradués dans les leçons* 1re, — 2e, — 3e, — 4e, — 5e, — 6e, — 7e, — 8e, — 9e, — 10e, — 12e, — 13e, — 14e, — 15e, — 16e, — 17e, — 18e, — 19e, — 21e, — 22e, — 23e, — 24e, — 26e, — 27e, — 28e, — 30e, — 31e, — 33e, — 34e, — 35e, — 37e, — 39e et 40e.

Les exercices de respiration sont gradués dans les quarante premières leçons et à la 48e.

Les exercices sur la vibration de la lettre **R** *sont gradués dans les leçons* 1re, — 2e, — 3e, — 4e, — 5e, — 6e, — 7e, — 8e, — 9e, — 10e, — 11e, — 12e, — 13e, — 14e, — 15e, — 16e, — 17e, — 18e, — 19e, — 21e, — 22e, — 23e, — 25e, — 26e, — 27e, — 28e, — 30e, — 31e, — 33e, — 34e, — 35e, — 36e, — 37e, — 38e, — 39e et 40e.

Les exercices sur une difficulté de prononciation sont gradués dans les leçons 20e, — 22e, — 28e, — 37e et 38e.

Les exercices de la lettre **X** *sont gradués dans les leçons* 26e, 27e et 29e.

Les exercices d'intonation sont gradués dans les leçons 28e, — 29e, — 30e, — 37e et 39e.

Les exercices de rire sont gradués dans les leçons 11e, — 15e, — 18e, — 19e, — 21e, — 24e, — 25e, — 31e, — 32e, — 33e, — 34e, — 35e, — 36e, — 37e, — 38e et 39e.

Les exercices de voix sont gradués dans les leçons 1re, — 2e, — 3e, — 4e, — 5e, — 6e, — 7e, — 8e, — 9e, — 10e, — 11e, — 12e, — 13e, — 14e, — 15e, — 18e, — 19e, — 20e, — 24e, — 25e, — 26e, — 27e, — 31e, — 32e, — 35e, — 36e, — 37e, — 38e et 40e.

Les exercices de gestes sont gradués dans les leçons 41e, — 42e, — 43e, — 44e, — 45e, — 46e, — 48e, — 49e et 50e.

Les exercices de physionomie sont gradués dans les leçons 47e, — 48e, — 49e et 50e.

TABLE DES MATIÈRES

*Cet ouvrage a été reproduit
et achevé d'imprimer
par l'Imprimerie Floch à Mayenne,
pour les Éditions Albin Michel
en mars 2003.*

N° d'édition : 21721. N° d'impression : 56836.
Dépôt légal : mars 2000.
Imprimé en France.